일에 마음 없는 일

인스피아,
김스피,
그리고
작심 없이
일하는
어떤 기자의
일

일에
마음 없는
일

김지원

흐름출판

"재능은 주어지는 것이 아니라,
절박한 상황에서 스스로 직접 발명해내는 방식이다."

Genius is not a gift, but the way a person invents
in desperate circumstances.

○ 장폴 사르트르

"제가 하는 일의 대부분은,
궁지에 몰린 상태에서 빠져나오기 위해
몸부림치는 것일 뿐이죠."

Much of what I'm doing is, I'm backed into a corner
and the way out is desperation.

○ 조이스 캐럴 오츠

들어가는 말

탈주 대신,
기사 대신

나는 일을 사랑한다.

    좀 더 정확하게 말하자면, 일을 **수상하게 하는 것**을 사랑한다. 그래서 미디어 업계에서 이상한 일을 하는 사람들의 이야기를 모으고 있다는 편집자님의 제안에 덜컥 손을 잡았던 것이다. (만약에 목적어가 그냥 '일'이었다면 나는 아마 그가 내민 손을 잡는 대신 뒷통수를 긁적였을 것이다.)

    사랑하려고 하는 순간 일이 수상해지는 것은 오늘날 일이 차지하고 있는 입지가 굉장히 모호하기 때문이다.

    일이 '불쉿 잡'*이라서 꿈도 희망도 없습니다. 그 와중에 미래도 불투명합니다. 당신은 기자 일을 돈 벌려고 해요? 그럼요? 실은 그냥 인공 지능AI한테 주고 쉬어버리고 싶습니다… 하지만 그러면 돈을 못 벌고요. 실은 솔직히 말하자면, 진짜 일을 하고 싶습니다… 산업재해, 혹은 재해적 산업… 어떻게 하면 사람(나)들이 진정 행복해질 수 있을까? 내 경우는 열정 노동이 아니라 열정이야, 나한테는 일이 일이 아니거든…. (실제로 한 말)

누군가는 일을 사랑한다는 말에 질투 혹은 의심에 찬 눈길을 보낸다. 하지만 나는 일을 사랑해야만 한다고 말하는 사람의 안이함도 탐탁잖다. 오늘날 그럴 수 있는 사람은 극소수에 불과하기 때문이다. 물론 그것은 사회의 탓도 있지만, 어느 정도는 본인의 재량도 작용한다. **만약 약간의 틈새가 있다면, 일을 수상하게 만들어볼 수도 있다.**

나는 일을 사랑하기 위해 일을 수상하게 만들 필요가 있었다. 이 책에서 말하고자 하는 것은 그 수상한 일을 만

- 인류학자 데이비드 그레이버가 저서 『불쉿 잡』(민음사, 2021)에서 제시한 개념. '쓸모없는' '엉터리의'라는 뜻을 지닌 비속어 '불쉿(Bullshit)'에 '직업'을 뜻하는 '잡(Job)'을 붙인 단어로 당사자마저도 왜 해야 하는지 정당한 이유를 알지 못하는 일, 자본주의적 위계에 따라 늘어나는 쓸모없고 무의미하고 허튼 일자리를 가리킨다.

들고 지속하게 된 궤적에 대한 이야기다.

나는 오래전부터 어떤 종류의 일이든, 자기 '업業'의 의미에 대해 밀도 있게 묻고 또 오랜 세월 그 업에 매진해온 이들의 자서전이나 회고록, 인터뷰 등을 읽는 것을 좋아했다.

딱히 거기서 영감을 얻는다거나 실질적인 노하우를 배워 내 삶에 적용하기 위한 것은 아니다. 단지 그들의 삶이 기이한 방식으로 빛나는 것을 먼발치에서 바라보며 경외심을 느꼈다. 그리고 한 사람의 삶이 어떻게 이렇게 독특한 방식으로 빚어졌는지, 때론 어떤 편견이나 불합리, 결함, 불안함을 나름의 방식으로 이겨내려 그 사람이 해온 필사의 노력이 어떻게 세상의 다양성에 한 획을 더했는지를 바라보는 것이 좋았다.

일은 원래부터 주어진 것이 아니라 각자가 만들어가는 것이고, 또 그 험난한 상황과 자신의 욕망 등이 어떻게 부딪느냐에 따라 만들어진다. 프로스트의 갈림길(「가지 않은 길The Road not Taken」)처럼 어떤 순간의 도전을 영영 놓쳐놓고 평생 사라진 기회를 인지조차 못 한 채 살아가는 이

들도 있다. 일이 처음부터 빚어놓은 도자기처럼 완성된 형태로 내게 찾아오는 경우는 잘 없다. 어쩔 수 없이 깨어져 부서진 단면, 구르다 최대한 버티기 위해 취한 어설픈 포즈가 그대로 자신의 평생의 일이 되는 경우도 왕왕 있다. 그렇게 어떤 일이 누군가의 평생의 일이 되는 궤적을 보는 것은 흥미롭다.

하지만 확실히 나는 자서전이나 회고록 같은 종류의 글을 쓰기엔 업력이 길지도 않고, 대단한 성과를 낸 것도 아니다. 남들에게 내세울 만한 독특한 에피소드를 많이 가지고 있는 것도 아니다. 다만 어쩌다 보니 우연히, 어색한 틈새에서 낯선 방식으로 나름의 고집을 부려본 적은 있다.

본문에서도 이야기하겠지만, 짧게 소개하자면 나는 레거시 언론사에서 '인스피아'라는 이름의 1인 뉴스레터를 기획해서 약 4년 동안 홀로 써왔다. 맨땅에 헤딩하듯 시작해, 처음엔 그저 구독자 수가 사내에 눈치 보일 정도만 아니면 되겠다 싶었지만 어느덧 1만여 명의 구독자가 모였다. 분에 넘치는 사랑을 받기도 했지만 늘상 어리둥절했다. 나야 내가 일을 사랑해야만 살 수 있을 것 같아서 바르작

대며 시작한 일이라 그렇다 치지만, 왜 사람들이 이걸 좋아하는지 몰랐기 때문이다.

일의 틈새를 비집고 태어난 것이 무엇인지는, 솔직히 이 도전의 의미라든지 성과가 뭔지는 나도 잘 모르겠다. 구독자 수라든지 입소문으로는 약간의 성공인 것 같은데 처음부터 단 한 번도 레터에 돈을 받아본 적도 없고 '엑싯exit'이라든지 '업그레이드'에 성공한 것도 아니니 실패라고도 할 수 있다(실은 시도해본 적도 없다). 회사 내부에선, 애가 뭘 하긴 한 것 같은데 뭔진 잘 모르겠고 그저 '날 수 있는 뻥튀기'처럼 쓸데없고 번거로운 무언가를 만들었다는 정도의 평가인 것 같다.

시종일관 언제까지 이런 방식의 글/삶이 지속될지(허용될지) 모르겠는 위태로운 상태에서 이어져온 나날이었다. 다만 그 위태로움은 나름의 생명력을 가지고 나를 불쑥 넘어 나를 태우고 먼 곳으로 데려다주었다. 고삐를 쥘 생각을 하진 않았다. 이런 일을 하게 된 경위와 과정에 대한 이야기를 자세히 풀어놓는 것은, 단정한 가르침이라기보다는 이를테면 중간점검이라든지 자아비판에 가까울지 모른다. 혹은 그간 붙들어온 내 나름의 '노동(일)'에 대한 치우친 관념을 늘어놓는 계기가 될 수도 있겠다.

이 책이 어떤 사람에게 닿을지는 모르겠다. 그리고 나는 누군가에게 가르침을 전할 만한 사람이 못 된다. 다만, 만약 당신이 이 번잡한 세상 속에 작은 불만과 고집을 가지고 있는 사람이라면, 자신의 노동에 존엄함을 추구해 가고 싶은 사람이라면, 개인적으로나 사회적으로나 자신을 축내는 방식으로 살아가고 싶지 않은 사람이라면 나의 편파성과 시행착오가 조금이나마 타산지석 혹은 흥미로운 참고거리가 되길 바란다.

차례

들어가는 말 탈주 대신, 기사 대신 —7

1부 —
기자의 일(?)

'기자'라는 적성 —18

모든 것이 시작되는, 본질 —31

● 셀프 인터뷰 —45

나와바리 넘기 —57

문외한의 기세 —66

2부 —
나에게도 도움이 될 만한 솔직한 방식의 일

불안을 마주하기 —76

피드백은 하나의 텍스트다 —84

작은 의문들이 배경이 되어 —96

하고 싶어서, 하기 싫어서 —106

3부 —
어리둥절함과 멈칫거림을 살피는 일

클리셰, 혹은 스타일 —116

최후의 보루, 일기 —123

질문으로부터 비롯되는 글쓰기
  : 벼랑에서 시작되는 글쓰기 —129

개인과 시스템 —137

에필로그 가지 않기로 결정한,
    결정할 길들 —147

진짜로 필터버블이 문제인가? : 본다는 것의 어려움

The filter bubble and the attention economy

저자　　　김스피
(Authors)　Kim, Supi
출처　　　인스피아 저널, (146), 2025.2.5, 1-8 (8pages)
(Source)　Journal of the Inspia
지난회차　https://page.stibee.com/archives/107426
(Archive)
웹에서 보기　Web link

키워드: 필터버블, 플랫폼, 관심경제, 소통, 공감의벽

―――――― ⟨ 차 례 ⟩ ――――――

1. 머리말
2. 필터버블에 대한 착각 : '단순 접촉'은 사상 최대
3. 보는 건 결코 만만한 일이 아니다 : <자기 땅의 이방인들>
4. 맺음말

【1. 머리말】

안녕하세요. 연구자님. 느릿하게 헤찰하며 걷는 것을 좋아하는 김스피입니다. 🧑

1부

기자의 일(?)

'기자'라는 적성

'과연 나는 내 일에 어울리는 사람일까?'

일에 대한 에세이를 쓴다고 하고서 처음부터 이런 시작이어서야 곤란하다. 하지만 내가 지금의 '일'을 작당하게 된 계기를 쓰기 위해서는 서두부터 이 점을 밝히지 않을 수 없다고 생각했다.

나는 내가 내 일에 딱히 어울리진 않는 사람이라고 생각했고 지금도 그렇다.

내 직업은 기자다.

기자는 통상 다양한 사람들을 많이 만나고, 교류하고, 그들로부터 아이디어를 얻고, 미디어를 통해 영향력을 발휘하고, 남들이 미처 알지 못했던 것을 재빠르게 캐치해

내고, 공동체를 위해 사실을 확인해 뉴스로 만들어내고, 예리하게 확인하고, 현장에 머무르는 직업이다. 그 와중에 사회 정의를 지키고, 진실을 밝힌다.

　물론 위의 문구는 '희망 편'에 가까운 이야기이지만, 이런 정의를 보았을 때 대체로 어깨가 들썩이고 마음이 두근대지 않는 사람이라면 기자를 직업으로 선택하지 않는 편이 본인에게 좋다고 말하고 싶다. 그런데 나는 줄곧 저런 단어를 보고서 딱히 감흥이 없는 사람이었다.

　내가 기자라는 직업을 선택한 이유는 다소 방어적이고 현실적인 것이었는데, 제일은 사무실에 앉아 있는 직업을 갖고 싶진 않았고(기자들은 대체로 출입처나 현장으로 출근하는 경우가 많기 때문에 상사와 같은 사무실에 앉아 있을 일이 잘 없다) 제이는 글쓰기에 딱히 재능이 없는 국문과 졸업생(이중전공 서문과, 유일한 활동 교지편집부)이 글로 밥을 먹으며 사대보험을 적용받을 수 있는 직장이 언론사밖에 없다고 생각했기 때문이었다. 마지막으로 제삼은, 내가 워낙 소극적이고 사람 만나는 것을 꺼리는 성격이다 보니 일반 직장을 구하면 밥벌이를 핑계로 평생 내 세계에만 갇혀 살 것 같았다. 기자라도 하면 적어도 강제로 세상 돌아가는 형국에 눈은 떼지 않고 살 수 있겠다고 생각했다. 말하자면 미국 사진작가 다이앤 아버스가 자신의 세계를 깨고 타인들의 삶으로 들어가기 위해 카메라를 들기로 결심했던 것처럼, 기자 되기는 내게 일종의 자발적 충격 요법이라고 할 수 있었다.

물론 나는 아버스와 비교할 수도 없을 만큼 미숙한 일개 소시민에 불과하고 그 충격 요법이 의도대로 잘 들었는지는 모르겠다. 여전히 조금 쓸데없는 데 관심이 많고 기자 생활 10년 차가 지났지만 기자 일이 몸에 꼭 맞진 않는다고 생각하고 있기 때문이다. 실제로 그간 만났던 수많은 취재원들은 내게 마지막에 조심스럽게 말하곤 했다.

"그런데 기자님은 진짜 기자 같지가 않네요…."

처음엔 이런 이야기를 들을 때마다 민망함을 느끼곤 했지만, 그래서 어떻게 해서든 기자다운 능숙함을 연기해야 한다는 강박관념에 시달렸지만 이젠 그냥 '코가 한 개시네요.' 정도로 사실을 이야기하는 것으로 듣고 있다.

일단 나는 무언가를 '빠르게' 하는 걸 잘 못 한다. 눈치도 별로 없다. 입사 초기 사건기자를 할 때는 어떤 사안을 취재해서 5시까지 기사를 마감해야 하는데 5시까지 스케치(현장 묘사)만 하다가 기사는 한 글자도 못 써서 선배로부터 크게 혼이 난 적이 있다. 혹은 어떤 일에 대해 알아봐야 할 때 정작 다른 일에 눈이 한참 팔려 '일'은 뒷전인 경우도 왕왕 있었다. (뉴스레터의 핵심 키워드로 일에는 마음을 두지 아니하고 쓸데없이 다른 일을 한다는 뜻의 '해찰'이라는 단어를 선정한 것은 결코 나의 평소 삶과 동떨어진 것이 아니었다.) 지금도 이런저런 이유로 여전히 손이 느린 편이다.

그리고 뻔하거나 기시감이 있는 이야기를 읽거나 쓰는 것도 별로 좋아하지 않는다. 기시감이 있다는 것은 다르게 말하면 쓰는 이의 상상력이 부족하다는 뜻이기도 하다. 일간지는 빠르게 나와야 하는 특성상 비슷하게 발생하는, 뻔한 이야기들을 매번 다르게 포장해야 하는 경우가 많다. 무난한 취재 내용을 넣고 마지막은 모호한 전문가 코멘트로 온점을 찍는다. 이러다 보니 나중엔 차라리 전문가 코멘트를 내가 하는 편이 재밌겠다는 생각이 들 정도였다. 종종 기획기사를 취재할 땐 잠깐 '뽕'이 차올랐지만, 일상으로 돌아오면 다시금 힘이 빠지곤 했다.

문제는 내가 쓰는 글뿐 아니라, 일에서 읽는 글들마저 대부분 지루했다는 것이다.

물론 나는 일이 놀이동산처럼, 어려운 일 하나 없이 흥미진진하기만 해야 한다고 생각할 만큼 순진한 사람은 아니다. 다만 흔히들 하는 '누구는 좋아서 하는가?' '좋은 일만 하는 사람이 어딨냐' 같은 말을 들을 때마다 조금 의아해졌다. 그렇다면 하나같이 싫어도 해야 하는 일만 하는 사람들이 모인 곳에서 쓰는 글을 누구더러 읽으라는 것인가? 적어도 **우리가 만들어내는 상품이 '글'이라면 쓰는 사람은 좋아서 써야 하는 게 아닐까?** 일단 좋아하는 일을 해야 그 안에서의 어려움도 극복할 마음이 생기는 게 아닐까?

말하자면 나는 집회 구호에 있어서는 구호 자체에 이입하기보다는 구호를 어떻게 더 엉뚱하고 세련되게 전달할지, 혹은 그 구호를 외치는 사람들의 복잡한 진짜 삶 쪽에 관심이 있는 사람이었다. '좋은 일만 하는 사람이 어딨냐'는 사람의 마음도 알겠지만, 그리고 나도 나름대로 발버둥을 치고 성실하게 노력을 했다고 생각했지만 여전히 밖에서 보기엔 어설픈 상태를 지속해갔다. 그렇게 10년 동안 어울리지 않는 옷을 입은 채로 밍숭맹숭 머무를 수 있는 뻔뻔함도 재능이라면 재능이겠다.

스스로 어떤 일에 어울리지 않는다고 생각하는 사람이 객관적인 의미에서 그 일을 썩 잘할 리는 없다. 적어도 나는 그랬다. 그런데 '일을 못한다'는 것에 대해서 생각해본다. 세상에 행복은 한 가지이지만 불행은 수없이 다양하다는 말처럼, 어쩌면 일을 못한다는 것에도 수없이 다양한 개성적 맥락이 있지 않을까?

재밌는 것은 내가 인스피아를 시작하게 되면서 나의 '단점'들, 단 한순간도 강점이 될 수 있을 것이라 생각도 하지 못했던 콤플렉스들이 나름의 강점이 되기도 했다는 점이다. 개중에는 저런 단점을 강제로 버텨내느라 생긴 맷집과 울분이 도움이 된 경우마저 있었다.

우선 '느리다'는 것은 어디까지나 일간지 호흡에서 느리다는 것이었다. 인스피아를 처음 시작할 때 매주 1회씩 레터를 쓰게 되자 기분이 날아갈 것 같았다. 매일같이 아침마다 보고를 올리고, 오전에 브리핑 등을 챙기고 오후까지 기사를 마감해야 하는 일상에서 일주일에 글을 한 편만 써도 된다고 생각하니 말이다. (물론 나중에는 레터도 자꾸 분량이 늘어나면서 버거워지긴 했지만.) 레터 발행 초반에 외부에서 어떻게 일주일 만에 그렇게 긴 글을 혼자 써서 꾸준히 발행하느냐는 질문을 들었을 때 나는 진심으로 어리둥절해졌다. 한 주에 마감이 하나뿐인데 일이 많다고? 일간지 기자로서 버텨낸 맷집과 뒤틀린 마감 관념이 결과적으로는 나름 도움이 됐다고 볼 수 있는 것이다.

그리고 바쁜 현장에 있을 땐 느끼지 못했던 것이지

만, 시간 여유가 조금 생기다 보니 느리게 읽는 것의 장점도 있었다. 글감을 한번 읽으면 대체로 그 안에서 '해찰'을 하느라 이야깃거리들을 많이 상상할 수 있게 되었다. 기사를 쓸 때는 나조차도 스스로 알지 못했던 모습이었다.

또한 '지루한' 이야기를 못 참고 차라리 무심해버리는 성질은 반대로 지루하지 않은 글에 과도하게 환호한다는 의미이기도 했다. 내가 오롯이 자율성을 가지고 책을 읽고 글을 쓸 수 있게 되자 어디서도 볼 수 없었던 독특한 관점을 주는 책들을 찾고, 서가를 헤매고, 하루 종일 글을 읽는 것은 커다란 즐거움이 되었다. 그렇게 몇 년을, 누가 시키지도 않았는데 책을 읽고 싶어서 주말에도 커다란 배낭을 메고 도서관을 오갔다. 세상이 온통 벚꽃 철인지도 모르고 어느 날은 주말에 늘상 가던 도서관에 갔다가 나들이 인파에 깜짝 놀란 경우도 있었다. 휴가지 카페에 가서도 책을 읽었고, KTX에 앉아 여행 책자를 읽으면서도 다음 회차에 쓸 거리를 찾았다. 우둔하다고 할 법한 일이지만 그만큼 재밌는 이야기, 한 끗 다른 이야기를 읽는 것이 진심으로 즐거웠다.

지루한 이야기를 못 참기 때문에, 레터를 쓸 때에도 최대한 내게 지루하게 느껴지는 이야기를 다루지 않으려고 노력했다. 그 기묘한 고집에서 나오는 텐션이 조금이나마 독자에게 가닿지 않았을까. 뉴스레터가 어떻게 만들어졌는지 자초지종을 모르는 독자들은 가끔 "당신은 정말로 재밌어 못 참겠어서 글을 쓰는 것 같다"라는 평을 보내주곤 했다. 글은 뭔 말인지 잘 모르겠는데 일단 당신은 확실히 펄떡거리는 것처럼 보인다는 뜻인지 뭔진 모르겠지만, 그간 받은 피드백 중에선 제법 뿌듯했던 것으로 기억에 남아 있다.

여전히 화해하지 못한 나의 일과의 관계 때문에, 뉴콘텐츠팀에 있는 시간만큼은 대체로 '메멘토 모리(죽음을 기억하라)'의 정신으로 일하게 되었다.

아무리 내가 현재 기묘한 형태로 자율성을 확보하고 있다고 해도 언제 어느 순간 다시 취재 중심의 현업 부서로 가게 될지 모를 일이었다.[*] 나는 적어도 월급 받는 직장인으로서의 자각과 양심은 있기 때문에 그런 때가 온다면 미련 없이 현 상황을 버려야 한다는 것은 알고 있다. 그런 점에서, 즉 언제 발행인 '김스피'가 '죽을지' 모르기 때문

● 이 책의 초고를 마무리할 즈음, 대대적으로 사내 채널 개편이 이루어지면서 2025년 7월 30일 자로 인스피아를 마치게 되었다.

에 이 시간들은 결코 허투루 써버릴 수가 없는 시간이었던 것이다. (이 절박함은 대체로 내가 현업 기자로서의 생활을 싫어하는 것에 비례해 추진력을 얻었다. 기묘한 균형이다.) 그 덕에 만약 내게 꼭 맞는 양말처럼 편한 직업 혹은 상태에만 머물러 있었다면 불가능했을 정도로 시간을 절박하게 쓰는 것이 가능했다고 생각한다. 과연 일반적인 직장인이 이런 식으로 시간을 쪼개 쓸 일이 얼마나 있을까?

마지막으로는, 결정적으로 기자에겐 필수인 눈치가 전혀 없었던 덕에 몇 년 동안 언론사 한구석에서 '커리어'에 전혀 도움도 안 될 비취재 부서에 처박혀, 누구도 인정해주지 않는 수상한 일을 혼자 하면서도 만족스럽게 머무를 수 있었다.

이 과정에서 무엇보다도 내가 중요하게 생각하는 것은, 이처럼 어떤 집단 안에서 이질적이고 개성적으로 일 못하는 고집쟁이를 방치하고 그에게 자율성을 주었을 때 기묘한 무언가가 나올 수도 있다는 점이다.

―

'적성'이라는 말만큼 오해되고 있는 단어가 있을까 싶다. 적성은 일반적으로 그 일을 할 때 무난하게 (일이든 그 분야의 동료들과든) 어우러질 수 있는 능력을 뜻한다. 물론 이런 능력은 굉장히 소중한 것이고, 어떤 일을 할 때 사사건건 괴로워하는 것, 남들과 마찰하는 것보다는 훨씬 나을 것이다. 하지만 나는 이는 절반 정도만 맞는 이야기라고 생각한다. 이는 일과 적성의 관계를 너무 단선적으로 본 감이 없잖다. 자신의 직무와 마찰하는 사람이라고 해서 그 일을 사랑하지 않는다고 할 수 있는가? 업계인들 사이에서 마음 편하고 화기애애하게 일상을 영위하는 것이 일의 목적인가?

소설가 김훈은 "기자를 보면 기자 같고 형사를 보면 형사 같고 검사를 보면 검사같이 보이는 자들은 노동 때문에 망가진 것이다. 뭘 해 먹고사는지 감이 안 와야 그 인간이 온전한 인간이다"●라고 말한 바 있다.

이 말에 동의하는지 여부는 일단 차치해두고라도, 대개 '일을 잘한다'는 세평은 어떤 일을 그 집단 내에서 통용되는 가치에 따라, 일반적으로 통용되는 방식으로, 할 법한 방법으로 잘 수행한다는 의미인 경우가 많다. 하지만 그간 내가 정말 좋아했던 작가들은, 제 나름의 상황에서 자신이 속한 장르를 깨고 오히려 자신이 장르가 된 이들이었다.

● 김훈, 『밥벌이의 지겨움』, 생각의나무, 2007, 254쪽.

엄밀히 말하면 나는 적성이란, 어떤 분야에서 내가 너트에 맞지 않는 볼트가 된 것 같아도 어쨌든 간에 계속 삐걱대며 밀고 나가는 일, 수상하지만 왠지 여기서 떠나고 싶어 하지 않는 찰거머리 같은 집념과 뻔뻔함으로 소소하게라도 문제를 일으키는 마음, 어찌됐든 그곳에서 자신의 누울 자리를 마련해보려는 집착이 아닐까 생각한다. 그 가운데 자신의 모난 개성을 잃지 않고서 말이다. 그런 모든 조율 과정을 통틀어 일에 대한 '연습'이자 '단련' '혁신'이라고 할 수 있을 것이다.

물론 어떤 직업이 영 내게 맞지 않는 것 같아 그 직업을 벗어나 다른, 자신에게 '더 맞는' 직업으로 이직한다는 선택지도 있다. 그 선택지를 고려하지 않았던 것은 아니다. 하지만 결과적으로 당분간은 더 이 자리에 머무르기를 스스로 선택했다. 이유는 내가 비록 소위 말하는 저널리즘과 불화하더라도 여전히 저널리즘의 자장 안에 있기를 원했기 때문이다. 솔직히 말하면 아직도 그 이유를 잘 모르겠는데, 막연히 생각해보자면 내 안에 남아 있는 모종의 이상주의와 고루함이 원인이 아닐까 싶다.

여하튼 내가 하고 싶은 말은 '그럼에도 불구하고' 남아 있기로 결정하고 그 에너지를 꾸준히 발산하는 사람에겐 독특한 몸부림의 궤적이 생길 수 있다는 것이다.

그런 사람은 통상 주눅 들고 시무룩해지기 쉽다. 하지만 나는 그런 '틈새에 낀 사람'들에게 말하고 싶다. 어쩌면 당신들의 그 '일 못하는 롤^{role}' '딴지를 걸고 싶어 하는 롤'은 대체 불가능하고 굉장히 독특하고 소중한 것일 수 있다고. 지치거나 꺾이지 않고 그 에너지를 생동하는 에너지로 잘만 갈고닦는다면 더욱 기묘한 무언가를 해낼 수도 있다고. 그리고 그 과정에서 꼭 모든 사람의 지지를 받아야 할 이유는 없다고.

몸담고 있는 일터의 노동 강도가 높다거나 모멸감 등이 너무 심한 경우는 논외다. 그런 경우는 당연히 자리를 옮겨야겠지만, 그게 아니라 당신이 그 업의 본질적인 무언가에 애정을 품고 있고 여전히 그 장 안에서 무언가 색다른 변화를 가해보고 싶다는 가정하에서다.

물론 내가 스스로의 성격적, 적성적 단점을 만회하겠다는 목적만으로 인스피아를 시작한 것은 아니었다. 수익성에 얽매이지 않고 좀 더 사회적인 메시지를 전하는 일을 고민해보고 싶었다는 이유도 있다. 그러기 위해선 나로서도 언론사에서 시도를 하는 것이 나쁘지 않은 선택지였고, 언론사 차원에서도 개성 있는 뉴스레터를 발행하는 것이 그 당시의 트렌드이기도 했다. 이 때문에 나는 이곳을 떠나는 대신, 그 자리에 머무르며 시도하는 편을 택했다.

모든 것이 시작되는, 본질

쓰는 사람에게 시시한 게 독자에게 재미있을 리 없다.

○ 오사와 마사치

2021년 8월부터 2025년 7월까지, 약 4년 동안 인스피아라는 뉴스레터를 썼다.

디자인은 기본적으로 논문 형태이고, 한 주에 두세 권 정도의 책을 분야라든지 저자에 상관없이 한 가지 메시지 혹은 하나의 질문에 초점을 맞추어 다루는 에세이다. 그간 환경 문제부터 시작해 인구, 리터러시, 혐오 등 다양한 주제를 다루었다. 본문만 통틀어도 원고지 80~90매에 이를 정도니 결코 짧은 길이의 글이 아닌데도 고등학생부터 70~80대 은퇴자까지 다양한 독자가 즐겨 읽어주고 있다.

흔히 사람들은 이런 결과물을 보고서 말끔하게 준비하고 기획되어 처음의 의도대로 만들어졌을 거라 생각하곤 한다. 하지만 열정만 앞서고 지원은 없는 대부분의 프로젝트가 그렇듯, 그리고 몸집이 무거운 조직에서 무언가 새로운 시도를 흉내 내려 할 때면 그렇듯 처음부터 정해진 것은 아무것도 없었다. 나 혼자 해야 한다는 것 빼고는.

―

처음 접근하려던 방향은 당연히 기사 큐레이션 쪽이었다. 여기서 '당연히'라는 말은 내가 아닌 누가 그 상황(언론사에서 무언가 텍스트적으로 새로운 시도를 해야 하는 상황)에 놓여 있었어도 95퍼센트 정도는 비슷한 생각을 했을 것이기 때문이다.

물론 당시 몇몇 언론사에서는 각 기자의 재량과 취미에 맞추어 눈에 띄는 1인 레터를 운영하기도 했는데, 내 경우엔 취미는 어디까지나 혼자만의 취미였을 뿐 이것으로 무언가 콘텐츠를 만들어야겠다 혹은 만들고 싶다는 생각은 없었다. 그러다 보니 자연스럽게 기사 큐레이션의 방식으로 마음이 기울었는데, 문제는 그렇게 하려니 이미 몇 년 전부터(즉, 2019~2020년쯤) 발 빠르게 '뉴닉' 등의 모델을 따라 큐레이션 레터를 만들어온 타 언론사들의 발꿈치를 붙잡는 꼴이 되었다. 뒤늦게 뭔가를 시작하기 위해선 단 한 끗이라도 다른 지점이 있어야 했다.

스스로 그나마 내 강점이라고 생각했던 부분은, 그간 오랫동안 SNS 관리자를 해오면서 '일간지 10년 차 기자치고는' 그래도 트렌드에 민감한 편이라는 점, 그리고 평소에 개그 치는 것을 좋아한다는 점 정도였다. 그러다 보니 당시 베타 버전은 '쓸데없는 B급 정서를 가득 머금은 시사 뉴스레터'라는 심란하고 기묘한 저예산 컬트 영화 같은 느낌의 것이 하나, 나머지 하나는 반대로 '박문각스러운 시사 실용 뉴스레터'가 하나였다. 물론 성공 가능성과는 별개로 둘 중 어느 쪽에 내가 더 각별하게 정성을 쏟고 있었는지는 미루어 짐작할 수 있을 것이다.

하지만 베타 버전 회람 후 주변의 반응은 그다지 좋지 않았다. 여기에 더해 당시 공교롭게도 신입 교육 기간이 겹쳐 입사한 지 얼마 안 된 신입들에게 베타 버전을 읽게 했는데, 마찬가지로 반응이 좋지 않았다. 나중에 전해 듣기로는 "마치 할아버지가 클럽에서 힙합 추는 느낌"이라는 평까지 나왔다고 한다. (알고 보니 당시 「뉴욕타임스」에서 레거시 미디어가 어설프게 틱톡 등 뉴트렌드 문법을 따라 하려는 것을 비판한 기사 속 표현을 차용했다고 한다. 배경을 알았다고 해서 충격이 약해진 건 아니었다.)

처음엔 당연히 화가 나기도 하고 자존심도 상했다. 하지만 이런 평을 받고 나서 내 자존심만 생각했다면 지금 형태의 뉴스레터는 나오지 않았을 것이다. 민망함과 착잡함 등이 가시고 나서, 곰곰 생각하다 보니 그 지적이 새겨들을 만한 것이라고 느껴졌다. 뉴스레터 론칭을 목전에 두고 초조함 때문에 어설프게 레퍼런스들을 따라 하고 얼기설기 뒤섞은 것을 내 것인 양 기획하고 있었던 것이다. 지금까지 준비해오던 것을 전부 다 들어 엎고 백지로 돌아가기로 했다.

하지만 내 '센스'가 통하지 않는다는 것을 알고 나니 정말로 갈 길을 잃은 느낌이었다. 나름의 각오를 다지고 싶어 론칭 3개월 정도 이전, 즉 아직 인스피아라는 이름이 나오지도 않고 서평 뉴스레터를 하겠다는 각조차 제대로 잡히지 않은 상황(2021년 5월)에서 원고지 약 30~40매 분량의 꽤 긴 '셀프 인터뷰'를 작성해서 한 플랫폼에 올려보기도 했다.

이미 이루어진 것처럼 생각해야 성공을 이룰 수 있다는 자기계발서류의 시도라기보다는, 나 역시 무작정 뉴스레터를 만들겠다는 막연한 생각만 가지고서 뉴콘텐츠팀에 자원해 프로젝트를 덥석 맡은 것이기 때문에 내가 진짜로 원하는 것이 무엇인지를 조금 더 구체적으로 파악할 필요가 있었다. 요는 내가 어떤 마음으로 뉴스레터팀에 오겠다고 손을 들었고, 또 어떤 글을 읽고 싶어 했는지 그 근본을 다시 파고들어보아야 했다.

―――

이때 작성한 셀프 인터뷰 중 레터를 쓰면서 오히려 더 절실하게 인식하게 된 대목은 오늘날은 강도 높은 인정 경쟁과 그로 인한 집중력 착취의 시대이며, 사람들은 꾸준히, 제대로 된 하나의 진정성을 만나는 경험에 목말라 있다는 점이다.

실은 인정 경쟁이라는 것 자체가 나쁜 것은 아니다. 사람들은 인정을 주고 또 받는다. 인정 경쟁의 과정에서 새로운 시류가 생기고 새로운 도전이 생긴다. 하지만 (그간 언론사, 뉴콘텐츠팀에 있으면서 꾸준히 몸소 접해온) 오늘날 온라인 콘텐츠 생태계의, 비생산적인 인정 경쟁의 상황에 대한 거부감은 내가 인스피아를 기획하고 계속 써오게 한, 그리고 나를 움직이게 하는 강한 추동력이기도 하다.

결국은 인간적인 재미와 여유다.

만약 비주얼 아티스트 크리스천 마클리가 시간과 관련된 영화 속 장면을 모아 만든 콜라주 영화 「시계The

Clock」(2010)라든지 움베르토 에코가 그의 에세이에서 '바보 같은 책'의 사례로 들었던 '수설 속 날짜들을 365일 모아 만든 책'을 AI 자동화 프로그램으로 만든다면 그 작품들은 여전히 매력이 있을까? 어떤 매체를 경유하든 간에 내가 집중하고 싶은 것은 모종의 '얼간이다움' '쓸모없음' 그리고 '진정성'인데, 과연 오늘날 수익성을 최우선으로 하는 대형 플랫폼이 그것을 위한 지대를 남겨두겠냐는 것이다. 그리고 그런 무위 지대는 전혀 수익에 도움이 되지 않는다. 반대로 그저 눈길을 끄는, 의미 없고 인간적인 재미도 없는 콘텐츠들은 그 자리를 차지한다.

재미와 여유 그리고 진정성에 대한 나의 편견과 고집은 비단 '엉뚱하고 기이한 경험'에 집착하는 행동만은 아니라고 생각한다. 우리는 이런 엉뚱함과 말맛, 개성에서 다른 사람의 존재를 느끼고 재미를 느끼고 거기에 동참하고 어울리고 지지하고자 하는 호기심을 느낀다. 이런 욕구가 충족되지 않는다면 사람들은 피폐해지고 분노한다.

요는 텍스트 생태계에서 사람의 고집과 얼굴, 입체성, 인간다움, 그에 대한 신뢰를 느낄 수 있는 어떠한 지대다. 그런 지점들은 이야기 속에서 한구석의 사례나 대상, 풍경으로서 간접적으로 얼핏 드러날 수도 있고, 혹은 필자 본인이 직접 말할 수도 있지만 여튼 우리는 어떤 매체든지 간에 그것에 담긴 이런 종류의 기묘한 집념과 개성에 본능적으로 마음이 이끌리게 되어 있다. 반대로 이런 것들이 일체 없고 단지 할 법한 이야기, 생생함 없는 정보, 빤빤한 이야기로 사방이 막힌 곳에선 실의하고 심지어 분노하게 된다. 나는 사람들이 점차 사회에 대한 감을 잃어가는 것이, 개인들에 대한 구체적 '감각'을 잃어가는 것과 결코 동떨어져 있지 않다고 생각한다. 어쩌면 유머의 상실도 그런 감각의 상실을 상징적으로 보여주는 현상일 수 있다. 우리가 상대에 대한 이해와 연민을 갖게 되면 어떤 사람의 결점이나 실수를 웃음과 함께 바라볼 수 있다.

여하튼 그런 것들을 내 머리에만 담아놓고 있을 것이 아니라 그것을 어떻게든 전달하기 위해서는 일단 '읽혀야' 했다. 넷플릭스와 웹툰, 틱톡의 시대에 말이다.

이처럼 본질로 돌아가보니 오히려 내가 집중해야 할 지점이 산뜻하게 선명해진 느낌이었다. B급 정서라든지 '힙한' 느낌을 주는 것에 어설프게 집착하는 것이 아니라, 결국 내가 읽고 쓰고 싶은 '글', 읽을 수 있는 글, 사람 냄새가 나는 글을 통해 바닥부터 시작하는 소통에 집중하는 것이다.

그것을 위해서라면 요나스 메카스가 영화감독이 되

고 싶어 하는 이들에게 무슨 조언을 해주겠냐는 질문에 "카메라를 사세요"라고 한 것처럼, 내게도 단지 책이 잔뜩 있는 도서관과 책을 읽을 수 있는 체력, 부지런함, 글을 쓸 펜과 빈 종이만 있으면 되는 일이었다.

진짜 일은 누구의 것인가?

그간 내가 직장인으로서 직간접적으로 경험(을 통해 체득)해온 사실이 있다. 생각보다 사람들은 일이 잘되게 하는 데 관심이 있기보다는, 일이 잘되어가는 것'처럼 보이게 하는' 데, 그리고 무언가 각자 할 일을 보람차고 열심히 하고 있다고 (스스로마저) 믿게 하는 데 각별한 관심이 있다는 것이다. 그리고 실제로 그런 데서 권력과 돈이 나온다.

어렸을 적 이원복의 『먼나라 이웃나라』에서 공산권 국가 공장이 돌아가는 방식이라며, 일부러 추가적인 일을 만들기 위해 라디오를 뜯었다가 재조립하는 공정에 대한 그림을 본 적이 있다. (실제로 그랬는지에 대한 문제는 일단 차치하고라도) 나뿐 아니라 많은 아동들이 당시 이 그림을 보며 혀를 찼을 것이다. '어린이인 나도 이것만큼은 바보 같은 일인 줄을 잘 알겠다.' 그렇지만 만약 일의 자초지종에서 핵심만 남긴다면 이보다도 더 어이가 없을 정도로 '일을 안 하는 데 열심인' 이들의 촌극이 오늘날 자본주의 사회에서도 여실히 일어나고 있다. 효율성의 시대에 어떻게 그런 일이 가능하냐고? 어차피 성과를 평가하는 이들, 그리고 우리 사회가 성과를 판정하는 방식은 '진정한 일'과는 별 관련이 없기 때문이다. 오히려 그 반대인 경우도 많다. 이는 언론사만의 적폐가 아니라 거의 모든 업계, 거대화된 시스템(대표적으로는 정부/기관들)에 만연한 일이다.

만약 내가 뉴스레터라는 '혁신적인 대단한 일'을 하겠다고 하면서 태스크 포스를 꾸리고, 팀원을 모으고, 전문가 코멘트를 촘촘히 듣고, 표적 인터뷰를 진행하고, 1000명을 대상으로 '우리 신문의 이미지'에 대한 상세한 설문조사를 진행하고, 누구를 타깃팅 할 것인지 정하고, 신문에 전면광고를 내고, 마케팅 전문가들의 의견을 들어 잘 될 만한 콘텐츠를 만들었다면 준비 기간에만 족히 1년이 걸렸을 거고, 많은 보고서와 회의, 막대한 분주함과 가상적 혁신, 가상적 뿌듯함을 만들어냈을 것이다. 하지만 그게 과연 일을 '잘' 하는 것과 무슨 연관이 있는가? 그 일이 '뭔가 좀' 하는 것처럼 외부에 내보이기 위한 것이 아니라, 새로운 형태의 '진짜' 읽기 경험을 만들어내는 것과 관련이 있다면 말이다. 그런 것은 한 사람의 독자, 한 사람의 영혼과 관련된 일이지 시스템의 일이 아니다.

물론 내가 시도한 일만이 '진정한 일'이라고 말하고 싶은 생각은 없다. 그렇지만 적어도 나의 '목표'는 저런 일을 하는 것이 아니었고 저런 일들이 목표를 달성하는 데 필요하다고 생각하지도 않았다. 이건 단순히 머리에서만 나온 생각이 아니다. 나는 과거 실제로 몇 달을 열심히 준비한 '혁신' 보고서가 알고 보니 10년 전 선배가 썼던 보고서와 거의 똑같다는 사실을 알고 아연하고 좌절했던 경험이 있다. 말하자면 어떤 목표를 정했을 때 적어도 그것을 달성하기 위해 '실질적으로' 필요한 일들에 얼마나 초점을 맞추어 거기에 전심으로 공력을 쏟고 있는지에 대해서 생각해보자는 것이다.

예를 들어 고사리로 전을 만들어 팔고 싶으면 그냥 당장 산에 고사리를 뜯으러 가면 된다. 고사리를 산에서 직접 뜯는 게 얼마나 비효율적이고 고사리전이 시장성이 얼마나 되는지에 대해 밤낮으로 보고서만 쓰고 앉아 있을 게 아니라 말이다. 일단 해보면 구체적으로 뭐가 되고, 뭐가 안 되는지 알 수 있다.

그리고 이런 비효율적인 태스크, 탁상공론만이 반복되는 것은 집단 차원에서만 도움이 안 되는 게 아니라, 개인 차원에서도 굉장히 시무룩해지고 소모되는 처사다. 여기서 비효율을 없애는 방법은 빨리 보고서를 쓰는 게 아니라, 보고서를 왜 써야 하는지를 조직 차원에서 다시 묻는 일이다. 하지만 바쁜 사람들이 모이면 일단 무언가 해야 하기 때문에 근본에서 일의 의미를 다시 묻는 일은 웬만해서는 '비효율적이기 때문에' 하지 않는다.

사람들은 통상 이럴 때 '일이란 게 원래 다 그렇지 뭐… 어떻게 내가 하고 싶은 일만 하고 살겠어'라고 말하곤 한다. 아주 틀린 말은 아니다. 하지만 나는 적어도 이런 말을 하는 사람의 '글'을 읽고 싶진 않다. 그리고 언론사에 다니는 사람이라면, 언론이 꼭 유별나서가 아니라, 적어도 개인의 창의성이나 자율성을 최소한으로는 보장해주는 집단에 있는 사람이라면 그래도 아주 작은 시도라도 해보는 것이 좋다고 생각한다. 만약 당신이 이런 종류의 '일'에 관심이 있다면 말이다.

될지 안 될지 해보기 전에 어떻게 알겠는가? 애초에 그럴 자유조차도 주어지지 않는 이들이 훨씬 더 많다는 것을 알고 있었기 때문에 나는 2022년 보름유유 인터뷰*에서 "이 시간은 내 시간이 아니라고 생각한다"고 말했고 그것은 다소 낯간지럽긴 하지만 인스피아를 쓰는 내내 내가 가장 강하게 갖고 있던 원칙이다. 발을 뻗을 수 있는 자리에 있는 사람이 발을 뻗지 않는 것은 사회에 대해서도 직무유기라고 생각한다. 이건 어디까지나 개인적인 생각이다.

―――

내가 쓰려는 것은 글이었다.

그래서 심플하게 글을 제대로 읽고 쓰는 것에만 집중했다.

디자인 포맷을 만들 때도, 다른 뉴스레터들을 참고하긴 했지만 내가 마음에 들어한 레터는 대부분 정작 뜯어보니 많은 디자인 요소가 필요했고, 전속 디자이너를 둘 수 없었기 때문에 결과적으로 '곰발'인 내가 텍스트와 최소한의 클릭만으로 매 회차를 완성할 수 있도록 디자인 요소를 최소화했다. 그러면서도 레터의 정체성을 한눈에 보여줄 수 있는 킥kick이 필요했기에, 전체적인 디자인의 틀은 논문 포맷으로 정했고 레터를 발행하는 내내 그 형식을 유지

- 유유 출판사 뉴스레터 「보름유유」, "책이 이렇게 가성비 좋은 매체인지 몰랐어요", 2022년 9월 15일. https://stibee.com/api/v1.0/emails/share/6iIKEwiK2saPm17DQbGpQqRLjwh_0M4=

했다. 논문 형식을 활용한 이유는 깊이 있고 진지한 콘텐츠라는 이미지/세계관을 직관적으로 보여주고 싶었고, 동시에 실무적으로는 디자인 요소가 별로 필요하지 않았기 때문이었다.

그리고 '독자'에 대해서. 누구를 타깃팅 할 것이냐고? 과연 신문에 잡다한 읽을거리를 쓰던 마크 트웨인이, 커다란 유람선 안 기이한 중산층 유토피아 경험을 잡지에 실었던 데이비드 포스터 월리스가, 우스개와 번쩍이는 안목과 비판을 버무려 글을 써내던 기자 '이지' 스톤(I. F. Stone)이 '타깃'을 정해두고 글을 썼을까? 아니 꼭 언론과 관계된 작가가 아니더라도, 지금까지 대중을 대상으로 글을 써온 이들이 과연 '2030 여성' '5060 남성'을 타깃 삼아서 그들에게만 소구하는 글을 썼을까? 누군가를 타깃팅 한다는 것은 곧 동시에 거기에 포함되지 않는 누군가들을 배제한다는 의미이고, 그런 마음으로 쓰인 글이 누군가에게 과연 진심으로 다가갈 수 있을까? 모르긴 몰라도 내가 나이를 먹어가며 읽었던 숱한 작가들은 대부분 21세기를 사는 동아시아 한구석의 불퉁한 여자애를 타깃 해서 쓰진 않았을 것이다.

이쯤 생각하니 무엇을 재료 삼을 것인지도 자연스럽게 떠올랐다.

나는 내가 쓰고 싶은 글을 사람들과 함께 나누고, 읽어보고 싶었다. 읽었을 때 내가 시간 낭비라고 생각한다면 남도 마찬가지로 생각할 것이다. 고로 내가 기자이면서도 다룰 글감으로는 책을 선택하게 되었다. 그것 역시 가성비(1인 매체로서 내가 할 수 있는 것)와 본질을 생각하다 보니 어쩔 수 없는 일이었다.

기자로서 '책을 다루는' 시사(?) 뉴스레터를 만든 것에 대해 약간의 변명을 하자면, 책(구텐베르크 은하계)의 본질은 결국 모든 것 중 좋은 것, 왠지 좀 반짝이는 것이 모아진 까마귀 둥지 같은 것이기 때문이다. 칼럼 중 좋은 칼럼, 에세이 중 좋은 에세이, 취재 중 좋은 취재, 일기 중 좋은 일기, 수상한 글 중 좋은 수상한 글 등이 모두 책으로 수렴되어 수백 년 치가 쌓였으니 그것을 읽을밖에. 물론 책이라고 해서 모두 좋은 책이라고 할 순 없지만, 좋지 않은 것에 대해선 굳이 말할 필요가 없다.

신문사가 '안티-큐레이션' 뉴스레터를 만든 이유
영감을 주는 뉴스레터 「인스피아」

2021년 8월 뉴스레터 정식 론칭 이전인 2021년 5월 무렵, 기획 단계에서 막혔을 때 스스로 '내가 무엇을 읽고 쓰고 싶은지' 본질부터 다시 살피기 위해 썼던 '가상' 셀프 인터뷰 기사 전문. 자문자답으로 이루어져 있다.
아직 인스피아라는 이름이라든지, 서평 콘셉트 같은 것조차 전혀 정해지지 않은 상황에서 적었던 글이라 이후 실질적인 기획 방향과 다소 달라진 부분도 있지만, 기본적인 원칙 자체는 이 셀프 인터뷰에서도 고스란히 찾아볼 수 있다.

―

0개. 지난 5월까지 A신문이 운영했던 뉴스레터 개수다. 한겨레, 한국일보 등 종합 일간지를 비롯해 경제신문 등 대부분의 언론사가 활발하게 뉴스레터 실험에 뛰어든 가운데 A신문의 행보는 업계서 물음표를 띄울 만했다. A신문은 한때 기성 언론들 가운데 최초로 SNS 채널을 개설하고 막대한 트위터(현 '엑스ˣ') 팔로워를 보유, 인터랙티브를 생산하는 등 발 빠르게 뉴미디어 흐름을 타왔기 때문이다.

"사실 구체적으로 뉴스레터를 해보자고 해서 회의를 시작한 건 3월 쯤이었는데, 내부적으로 많은 고민도 있었고, 그간 조직개편 등 현실적인 문제가 있긴 했습니다."

A신문 뉴콘텐츠팀(이하 '뉴콘팀') 관계자의 말이다. 기존에 취재기자들이 온라인 이슈, 속보에 대응해오던 모바일팀을 해체하고 현장 부서로 해당 업무를 이관하는 것을 골자로 하는 대대적인 조직개편이 6월 무렵으로 잡히면서, 이전에 새로운 시도를 위해 인력을 보충하는 것이 불가능해졌기 때문.

"3월 무렵부터 간간이 스터디, 베타 버전을 운영하면서 개편 일정에 맞춰 뉴스레터 론칭을 준비해왔습니다."

이번 뉴스레터 론칭에는 뉴콘팀이 아닌 모바일팀 소속 기자 한 명도 초기부터 함께했다.

"제 경우엔 모바일팀이 6월에 해체되면 '정말로 내 집이 불 탈 위기'이기 때문에 뉴스레터를 성공시켜야만 한다는 절박함이 더 강했어요(웃음). 사실 2018년쯤 뉴콘팀에 있었던 것이 제게 큰 생각의 전환을 가져다줬지만, 당시엔 서칭과 보고서 작성 위주의 업무만 하고 직접 서비스를 론칭하고 독자를 모집해 운영하는 경험을 해보지 못했던 게 계속 아쉬웠거든요. 이번 뉴스레터야말로 '실전 기회'가 될 수 있다고 생각했습니다."

●● 후발 주자의 무기… "철저히 독자의 입장"에서

후발 주자인만큼 콘셉트 결정에 고민이 많았다.

"저희는 종합지다 보니 아무래도 큐레이션 레터를 가장 먼저 생각했는데, 자사 기사를 배치해 보여주는 '무난한' 취합식 뉴스레터는 이미 대부분 언론사에서 하고 있었습니다. 주체가 에디터단을 포함하는지, 아니면 기자들만으로 이루어진 팀에서 하는지. 혹은 뉴스레터 작성에 조금 더 공을 들이느냐 마느냐 정도의 차이였죠."

처음 베타 버전을 론칭할 때는 다른 곳들과 비슷한 형식으로 시작했다. 주력 기획자의 '개인적인 취향'에 따라 다른 언론사들에 비해선 약간 '키치한' B급 유머를 곁들이고 '톡톡 튀는' 위트의 꼭지를 도입해보기도 했다. 하지만 피드백을 받거나 다른 뉴스레터들 사례를 참고하면서 조금씩 생각이 바뀌었다.

「뉴욕타임스」는 레거시 미디어들이 MZ세대를 타깃으로 한 뉴스레터를 내는 것을 가리켜 "클럽에서 춤추는 할아버지"라 표현하기도 했다.

"가벼운 콘셉트 자체가 나쁘다고 생각하진 않아요. 다만 우리가 잠정적으로 잡은 주된 타깃 독자층이 정말 원하는 것이 유머인가라고 생각했을 때는 다소 의문이었죠. 제가 개인적으로 레터를 발송한다면 얼마든 그런 콘셉트를 가져갈 수 있겠지만 일단은 뉴스레터가 (비록 거의 구멍가게 프로젝트처럼 혼자서 준비하고 있긴 하지만) 누군가에겐 언론사의 얼굴이 될 수 있다는 점, 뉴스레터의 구독층이 언론사에 바라는 점을 고려했을 때 B급 유머가 외려 역효과가 날 수 있다고 판단했습니다. 사실 만약 뉴스레터가 아니라 제페토나 틱톡, 인스타그램을 기반으로 하는 뉴스 계정을 만들려고 한다면 훨씬 더 '어려'져도 됐을 거예요. 하지만 뉴스레터를 하기로 했으면 그 계층을 타깃팅해서 전체적인 톤 앤 매너를 조절할 필요가 있다고 봤습니다."

사실 톤 앤 매너를 정하는 것보다 더 중요한 건 '독자들이 어떤 정보를 원할 것이냐'였다.

"첫 접근은 'PV page view(페이지뷰, 조회수)를 어떻게든 살려보자'는 차원이었어요. 대부분의 언론사가 그랬을 거예요. 그래서 어떻게 하면 우리 회사 제품을 '종합 선물 세트'로 엮어볼까, 기사 한 개라도 더 넣어볼까의 차원에서 접근을 했죠."

하지만 이것저것 자꾸 욕심껏 덧붙일수록 몰입도도 떨어지고 매력이 떨어지는 것을 느꼈다.

"기자 입장에서는 당연히 모든 기사가 다 소중하죠. 하지만 이것저것 다 팔겠다는 건 철저히 '공급자 위주의' 욕심이에요. 예를 들면 LG생활건강에 수많은 자사 제품이 있겠지만 대용량 샴푸와 색조화장품, 스포츠음료를 같은 회사에서 생산했다는 이유 하나만으로 한꺼번에 묶어서 팔려고 하면 팔릴까요? 그것들을 함께 판다고 해도 최소한의 타깃팅 스토리는 있어야겠죠. 예를 들면 코로나 시대에 이너뷰티(건강)를 챙기면서도 생필품은 저렴하게 사고, 색조화장엔 아낌없이 돈을 쓰는 30대 여성을 타깃팅 한다든지요. 단지 '우리가 이걸 열심히 만들었으니까 (너네가 필요하든 그렇지 않든 간에) 너네한테 다 팔 거야'라는 접근은 마케팅적으로 당연히 안 되는 건데 여전히 종합일간지들에선 그런 접근이 일상화돼 있는 것 같아요."

그 과정에서 독자 페르소나는 '나(3040 직장인)'로 잡았다.

"여건이 됐다면 수요층에 대한 사전 심층 인터뷰를 했다면 좋았을 것이라는 생각은 해요. 하지만 애초에 뉴스레터는, 그것도 뉴스레터로 무언가 교양 정보를 얻으려는—재테크 정보가 아닌—이들은 현재로서는 정말로 '한 줌' 시장이에요. 그런 수요가 없다는 게 아니라, 수요 자체가 희미한 시장이라고 봤습니다. 내가 보고 싶은 것에 집중하다 보면 그 부분을 발굴할 수 있을 거라 생각했어요."

●● 뉴스레터로 '영감'을 줄 수 있을까

이번 뉴스레터를 준비하면서 마케팅 서적들을 꽤 많이 읽었다. 마케팅 서적을 읽으면서 느낀 부분은 다음과 같았다.

"결국 포장의 문제구나, 싶더라고요. 1980년대 할리 데이비슨의 전설적인 CEO 리처드 티어링크는 "우리는 철학을 판다. 오토바이는 슬쩍 끼워 팔 뿐"이라고 했죠. 여기서 요점은 오토바이를 아무렇게나 만들어도 된다는 게 아니에요. 오토바이 품질은 기본이고, 구매자가 구매 시점에서 가장 고려하는 것은 철학이라는 점이죠. 그냥 철학이 아니라 구매자가 원하는 철학이요."

그렇다면 '나' 같은 사람은 과연 뉴스레터에서 무엇을 원할까.

"사실 저도 언론사에 몸담고 있긴 하지만, 단발적인 사건 사고 소식에 매몰되고 싶지 않아서 SNS도 일이 아니면 잘 들어가지 않아요. 최근 혼자 있는 시간에 다양한 분야의 책을 많이 읽고 있는데, 브레이킹 뉴스breaking news(속보, 짧고 강렬하게 소비되는 단기 이슈)에 분개하기보다는 한 가지 주제를 깊이 있게 다룬 롱테일 스토리longtail story(장기 소비형 기사)를 읽는 게 행복하더라고요. 실제로 짧은 글에선 얻을 수 있는 영감이 한정적인데, 성실하게 쓰인 한 편의 긴 글에선 어떤 분야의 글이든지 읽는 사람이 반드시 끌어낼 수 있는 영감이 있어요. 반드시요. 그래서 단순히 이것저것 그러모으는 큐레이션을 넘어서, 단문에 지친 독자에게 집중해보자고 생각했습니다."

실제로 뉴스레터 베타 버전의 피드백 중 상당수가 '내용이 적어서 좋다'고 했지 내용이 다양하고 많아서 좋다고 한 사람은 거의 없기도 했다. 중국집마저도 양 많은 걸로 승부하는 시대는 지났다. 인정 경쟁의 시대에 쏟아지는 수많은 글을 읽는다는 것은 누구에게나 피곤한 일이다.

결국 '이것저것 쉽게' 알려주겠다는 큐레이션의 콘셉트도 과감하게 포기하고 '한 숟갈'씩만 차려내기로 했다.

"독자에게 '쉽게' 알려주겠다는 것의 전제를 생각해봐야 돼요. 그 전제는 대상이 '알고 싶어 한다' '알아야 한다'를 상정하죠. 그런데 솔직히 기자가 아닌 자연인으로서의 저는 별로 세상만사를 다 알고 싶지는 않아요. 지적 호기심은 굉장히 많은 편이라 한번 꽂히면 그 분야 책을 수십 권 내리 읽어버리기도 해요. 하지만 제가 꽂힌 분야가 아닌 것에 대한 정보는 기본적으로 공해라고 느끼는 편이죠. 중학교 때 학원에서 '척척박사'라는 별명을 가진 친구가 있었어요. 그 친구는 항상 책을 손에 들고 있었는데 무슨 책을 읽나 봤더니 제목이 다 비슷한 거예요. '상식사전 1권, 2권…' 이런 느낌. 사회, 역사 시간에 항상 손을 들고 뭘 줄줄 늘어놓는데 그냥 차력쇼 보는 느낌이더라고요. 걔는 수업시간에 몰래 책 봐도 공부한다고 칭찬을 듣는데 저는 그냥 읽고 싶은 소설책만 읽어서 어른들한테 혼났죠.

그런데 개인적으론 아무리 위키식 지식이 쌓였어도 그게 내 안에 창조적인 불을 붙일 영감이 되지 않으면 아무런 의미가 없다고 생각해요. 글쓰기든, 마케팅이든, 회사 프로젝트에서든, 공부에서든요.

그리고 제 신조는 '알아야 한다'고 억지로 받아먹은 지식은 별 필요 없다는 겁니다. 의무감으로 본 책이나 정보들은 결국 한참 후에야, 나중에 정말 내가 절박한 상황에 가서야 체화되더라고요. 그런 지식은 필요할 때 가서 배워도 늦지 않아요. 그리고 그렇게 경험과 절박함이 합쳐져 배운 지식이 훨씬 더 가성비가 좋고요. 제게는 아직도 취재하면서 밤새 읽은 책이나 현장의 경험들이 다 타투처럼 깊게 남아 있어요."

●● 독자를 끌어당기는 '진정성'이라는 한 끗

독자 위주의 큐레이션이라고 해도 무엇을 전할지 정보의 범위를 정해두지 않은 이상 그 '한 숟갈'마저도 의무로 느끼는 이들이 있지 않을까.

"롱테일 스토리와 진정성에는 분야를 막론하고 통하는 부분이 있다고 봅니다. 저는 그것을 뭉뚱그려 '영감inspiration'이라고 표현하고요. 최근에 파비오의 『요리사, 요리로 말하다』라는 책을 읽었는데 거기서 그런 얘기가 나오더라고요. 단순히 접시 위에 음식을 올려 돈을 받고 판다고 전문가가 아니라, 그것에 대한 진심 어린 호기심을 갖고 가치를 추구하는 사람은 일반인이면서도 더 전문가라고 할 수 있다는 내용이었는데, 굉장히 공감했습니다. 어느 분야에서든 '진심'인 사람과 이야기는 통하게 돼 있다고 봅니다."

진정성은 분야를 넘나든다.

"약간 다른 얘기로 들릴 수도 있는데, 맞춤형 추천 시대에 가끔은 나와는 완전히 다른 분야의 '진짜'를 만나는 것에 대한 갈증이 항상 있는 편이에요. 예를 들어 저는 케냐 전통 음악에 대해서 아무것도 모르지만, 평생을 케냐 전통 음악 연구에만 매달려온 사람이 있다면 엄청난 존경심을 느끼고 그 사람의 이야기와 고민을 듣고 싶어질 거예요. 한 사람이 평생을 바칠 만한 케냐 음악의 매력에 대해서도 궁금해질 거고요. 그런 정보는 '공해'가 아니죠. 최근엔 학술 플랫폼 디비피아DBpia에서 큐레이션해주는 논문을 재밌게 보고 있어요. 나와 전혀 상관없는 분야지만, 그 분야에서 '괜찮은' 논문들은 읽고 싶더라고요. 공학 논문도 난생처음 읽어봤어요."

그런 뉴스레터가 굳이 언론사 안에서, 종합 일간지 언론사의 뉴스레터일 필요는 있을까? 라는 의문은 남는다.

"뉴미디어 시대의 언론사는 기본적으로 '이야기가 모이는 곳'이라고 생각합니다. 요새 미디어가 뜨면서 큐레이션하는 사람들은 많지만, 롱테일 이야기를 직접 적극적으로 발굴하는 사람들이 그것만을 위해—대체로 사적이지 않은 공적인 이유로—모여든 언론사라는 곳은 정말 유례를 찾아볼 수 없을 만큼 특이해요. 저는 절대로 기자들의 스킬이 낡았다고 생각하지 않아요. 낡은 건 바뀐 독자와 시장에 대한 감이죠. 성실한 기자들의 '얘기 되는 스토리를 캐내는 능력' 그리고 '진정성을 검증하는 능력'은 정말로 귀중한 것이라고 생각합니다."

'기레기'와 뉴미디어의 시대, 현업 기자들은 글의 '생산'에 대해서 어떻게 생각하나.

"기자들은 기본적으로 자기 글에 대한 욕심이 많아요. 제가 온라인 편집 업무를 맡은 시간이 길진 않지만, 친한 기자들은 가끔 새벽에도 제게 따로 메시지를 주기도 했어요. "우리 애(기사) 좀 잘 봐달라"고요. 잘 봐준다는 게 결국 종합 포털 사이트도 아닌 우리 언론사 홈페이지에서 조금 더 눈에 잘 띄는 부분에 걸어주거나 SNS 피크 타임에 조금 더 신경 써서 걸어주는 정도지만요.

뉴스레터에 욕심껏 훨씬 길게 기사를 소개해준다는데 싫어할 기자가 과연 있을까요? 저 역시도 기사 한 편을 쓸 때, 만약 조금이라도 애정이 있는 주제라면 기사 말고도 '더 하고 싶은 말'이 많아요. 1을 가지고 100이 있는 척 허풍을 늘어놓는 시대지만, 성실한 기자들은 100을 취재하고서도 정제해서 1을 말하는 이들이라고 생각해요. 아무리 뉴미디어의 중요성에 관해 이야기를 해도 현장 기자들은 잘 움직이지 않아요. 그렇지만 만약 '내 새끼'를 더 잘 팔 수 있다는 실감, 독자와 내밀하게 소통한다는 효능감을 조금이라도 알게 되면 기자들이 독자들을 상대로 더 진정성 있게 글을 쓸 것이라는 생각이 들었어요.

저만 해도 가명으로 책을 쓰긴 했지만, 책을 내고 나서 정말 기뻤어요. 블로그 후기 같은 걸 찾아봤는데, 어떤 분은 공책에 필사까지 하셨어요. 내 글을 진지하게 읽어주는 사람이 있구나 하는 느낌이 너무 기뻤고요.

이게 참 아이러니한 거죠. 저는 글 쓰는 직업만 9년 차인데 이런 느낌을 책을 내고서 처음 받았어요. 게다가 가장 기분 좋은 칭찬은 그냥 '글을 잘 쓴다'는 것보다 '역시 저자가 기자라서 그런지 자의식 과잉 없이, 재밌고 읽기 쉽게 글을 쓴다'라는 칭찬이었어요. '기자라서 기레기다' 이런 게 아니라, '기자라서'라는 말 뒤에 칭찬이 붙은 경험도 너무 오랜만이었고요. 통상 기사를 아무리 열심히 써도 항상 돌아오는 반응은 '기레기' 같은 욕뿐이니까요. 하지만 일선 현장에서 주변을 봤을 때 '기자라서 기레기'라고 욕을 들을 만한 사람들보다는 '기자라서 훌륭하다'는 표현을 들을 만한 사람들이 훨씬 더 많았어요. 지금은 과도기라고 생각해요. 저를 포함한 기자들에게 조금만 더 힘내라, 힘내자고 말해주고 싶은 마음에 뉴스레터에 좀 더 박차를 가했던 것 같습니다."

나와바리 넘기

종합지 기자는 전문지 기자와는 달리 통상 최소 1년에서 3년 정도면 부서를 이동한다. 이때마다 회사를 옮기는 수준이 아니라 거의 업계를 옮기는 수준의 변화를 겪고는 하는데, 예를 들어 경제 지표들, 애널리스트 보고서에 몇 년간 허덕이다가 인사가 나면 바로 다음날부터 경찰서를 제 집처럼 다녀야 하는 식이다.

장단점이 있는데, 장점이라면 다양한 분야의 사람들을 겪어보면서 세상을 보는 눈이 조금은 넓어진다는 점, 그리고 본인이 정신만 잘 차리면 나이가 들어서도 '나는 아는 게 없다'며 언제나 배우는 자세와 겸손한 상태를 유지할 수 있다는 점이다. 단점이라면 빠르게 자리를 옮기다 보니 조금 눈치가 생기고 배경지식, 맥락을 파악할 만하면 다시

'제로'에서 시작되기를 반복하며 에너지가 빠르게 소진될 수 있다는 것이다. 이 둘 중 어느 쪽을 더 많이 보게 되느냐는 개인의 성향 등에 따를 것이다.

하지만 예전부터 생각한 것인데, 어쩌면 종합지에선 부서를 빠르게 옮긴다는 점보다도 나쁜 것은 부서가 '있다'는 점이 아닐까 하는 것에 대해서다.

이게 무슨 엉뚱한 이야긴가 싶을 수 있는데, 종종 어떤 사안이 터졌을 때 어디에서 '처리'해야 할지 난감한 사건들이 꽤, 실은 아주 많이 있기 때문이다. 기자가 하는 일이 단순히 어떤 기관에서 나오는 보도자료와 기자회견을 따라잡는 것이라면 별문제가 없겠지만 실은 현상을 살펴볼 때 단 한 지점에만 국한해 볼 수 있는 경우는 거의 없다시피 하다.

예를 들면, 일론 머스크가 트위터를 인수한 것과 관련해 기업가로서 그의 독특한 행보를 주목해보는 글은 문화부의 소관인가, (미디어 관련 사안이니까) 미디어 담당인가, 아니면 (해외 사례니까) 국제부의 소관인가? 인터넷 커뮤니티에서 지속되는 혐오 발언 문제는 (사건이니까) 사건팀, (인터넷 커뮤니티의 정책과도 관련이 있는 문제니까) 정책사회부, (젠더 문제가 주류를 이루니까) 여성 담당, (정치인이 한마디 했으니까) 정치부 중 어느 분야의 문제인가? 길고양이 혐오 문제는 (동물권 관련이니까) 환경 기자의 소관인가, 아니면 사건 기자의 소관인가?

문제는 이처럼 다층적으로 엮인 사안들이 한두 개면 그렇다 치는데, 우리 사회에서 깊이 생각해볼 만한 대부분의 문제는 서로 다른 문제들이 심층적으로 엮이지 않은 것이 드물다는 점이다. 그 와중에 매일같이 새롭게 벌어지는 사건에 주목하다 보면 어떤 문제의 깊은 맥락으로 충분히 파고들어볼 수 있는 기회도 크게 줄어든다. 그렇게 매번 사안의 표층만 단편적으로 훑는 반복적인 기사/글들만을 우리는 쓰고 읽을 따름이다.

인스피아를 시작하기 전, 반복되는 사회 문제들에 대해 '촌철살인'을 던지는 칼럼이나 기사의 한 구절, 트윗(포스트)을 멍하니 보다가 습관처럼 리트윗(리포스트)하고 캡처하곤 했다. 하지만 그렇게 단편적인 한마디에 무릎을 치며 캡처를 하다 보니 어느새 조금은 허무해졌다. 촌철살인은 그 자체로 통쾌한 면은 있었지만, 그 통쾌함마저도 불완전하고 지루하다는 생각이 들었다. '통쾌함을 위한 통쾌함'은 대체로 내가 이미 가지고 있었던 생각을 재확인하는 용도일 뿐 실질적으로 내가 완전히 차원이 다른, 기존에 해보지 못했던 생각을 하게 해주는 계기가 되진 못했다.

『지식의 사회사』를 쓴 피터 버크는 학문의 경계를 넘나드는 '박학가'에 대해 이와 같이 말했다.

> 전문화의 시대에는 일반가들이 이전 어느 때보다 더 필요하다. 종합을 해서 큰 그림을 그리기 위해서만이 아니라, 분석을 위해서이기도 한데, 박학가가 있어야 "틈에 주의를 기울"이고 그리하여 학문 분과들이 현재 정의되고 조직된 대로라면 이 학문 분과들 사이의 공간으로 사라져 버릴 수도 있는 지식들에도 사람들이 주목하게 할 수 있기 때문이다.•

이 인용이 흥미로운 이유는 '박학가'의 역할을 모든 지식을 다 섭렵하는 구름 꼭대기의 존재가 아니라 빛이 비추지 않는 구석구석을 돌아다니며 흙을 파헤치는 분주한 두더지 같은 존재로 그리고 있기 때문이다. 지식의 역사에서 효율적인 지식 재/생산과 관리를 위해서 '분류'는 필요한 것이었다. 그렇게 대학에도 분과가 생겨나고 전문가가

- 피터 버크, 박광식 옮김, 『지식의 사회사 2』, 민음사, 2017, 301쪽.

생겨났다. 하지만 동시에 분류는 필연적으로 그 사이에 놓치는 것들을 발생시킨다. 이것은 비단 지식의 역사에만 아니라, 언론에도 적용할 수 있을 것이다.

분야가 정해진다는 것은 거꾸로 이야기하면 나의 분야가 아니면 신경 쓰지 않아도 된다는 것을 의미하기도 하기 때문에, 자신의 분야가 아닌 것에 대해서는 적극적으로 눈을 감게 되는 역효과를 낳기도 한다.

돌이켜 생각해보면, 인스피아의 강점은 '분야가 없다'는 것이었다. 뉴스레터나 플랫폼 가운데 정해둔 분야가 없는 경우는 드물다. 대부분 미디어라든지 젠더, 재테크, 시사, 도서, 부동산, 미술 등 큰 틀에서의 분야 정도는 정해둔다. 하지만 인스피아는 처음부터 내가 어떠한 종류의 전문성을 가지고 있지 않고, 책에서 영감을 끌어오겠다는 목적 하나뿐이었으므로 분야를 둘 수가 없었다. 그 덕에 어떤 문제에 대해 완벽하게는 아닐지라도, 조금 낯선 방식으로 사안에 접근하는 것이 가능했다.

앞서 예를 들었던 일론 머스크의 트위터 인수 건과 인터넷 커뮤니티의 혐오 발언 문제, 그리고 길고양이 혐오 문제 모두 인스피아에서 다룬 적이 있는 주제다. 먼저 일론 머스크의 트위터 인수와 관련해서 당시 언론들에선 주로 미디어 생태계가 어떻게 변할 것인지에 초점을 맞추었는데, 나는 그 대신 일론 머스크라는 독특한 '광대적'이고 '루디크러스Ludicrous(터무니없는)'(이 단어를 제목으로 자동차 저널리스트 에드워드 니더마이어가 머스크와 테슬라에 관해 쓴 책이 있다)한 인물 개성에 초점을 맞추었다. 그리고 그러한 인물이 테슬라를 경영하며 자동차 업계에 한 일과 같은 일을 미디어 업계에서 한다면 과연 어떤 일이 벌어질지에 대해 나 스스로와 독자에게 질문을 던져보았다. 과연 미디어 업계의 혁신은 '루디크러스'할 것인가? 그렇다면 그러한 혁신은 바람직한가?●

2023년 인터넷 커뮤니티에서 논란이 되었던 '넥슨 집게손가락 사건'과 관련해서 기성 언론이 젠더, 노동의 차원에서 해당 사안을 다루었다면, 인스피아에서는 커뮤니티의 속성 그 자체를 파고들어보았다. 인터넷 커뮤니티가 점차 익명성과 수익성에 기대면서 자체적인 정화 노력이 사라지고, 이런 상황에 '침묵의 나선'●● 효과가 더해지며

● 「인스피아」, "일론 머스크는 트위터로 지구를 구할까?", 2022년 5월 11일. https://stibee.com/api/v1.0/emails/share/o9Uq-q4prbCuUFDg_KFBCq3aKUwrtw==

●● Spiral of Silence Theory. 하나의 특정한 의견이 인정되는 상황에서 반대 의견을 지닌 이들이 침묵하며 다수 의견이 영향력을 더 얻게 된다는 언론학 이론.

혐오성 발언이 과대 대표되는 효과를 낳게 되었다는 것이다. 이와 같은 시각 전환의 효과는 우리가 어떤 문제적 현상을 벽에 비친 그림자 괴물처럼 과대평가하지 않고, 본질에 집중해서 볼 수 있게 한다는 점이다. 혐오는 시스템적으로 과장되어 왔다. 그리고 그 사실을 알게 되면 우리는 조금 더 동료 시민에 대한 신뢰를 회복하고 희망을 가질 수 있게 된다.[•••]

길고양이 혐오의 문제와 관련해서는 일본 수필가 우치다 햣켄의 산문 『당신이 나의 고양이를 만났기를』과 역사학자 로버트 단턴이 쓴 역사 논문집 『고양이 대학살』을 지팡이 삼아, 길고양이가 집고양이가 되고 또 그 반대가 될 수 있는 자유롭고 자애로운 도시 생태계에 대해, 그리고 부르주아 계급에 대한 증오의 대체물로서 고양이 혐오에 대한 이야기를 살펴보기도 했다.[••••]

물론 이런 '다른 차원의 시각'을 취한다고 해서 해당

[•••] 「인스피아」, "커뮤니티는 '여론'인가?: '눈팅하는 뉴비'의 시대", 2023년 12월 6일. https://stibee.com/api/v1.0/emails/share/UZvCpx9_VNa3NA1c9AtppLi1TdONZ_k

[••••] 「인스피아」, "길고양이와 민폐, 환상", 2022년 6월 1일. https://stibee.com/api/v1.0/emails/share/eUB1pr9wAPTVuJ4e3IziXRgsqGi95b4=

문제들에 대해 근본적인 해결책을 내놓을 수 있었던 것은 아니다. 다만 평소 우리가 해당 사안을 다루는 진부한 방식에서 벗어나 조금 다른 차원의 이야기를 해봄으로써 사안에 대한 이해를 입체적으로 할 수 있었다.

그리고 통상 어떤 고질적인 문제가 고질적인 이유는 그 문제가 계속 해결되지 않고 있기 때문이기에, 이 같은 색다른 접근법은 조금 터무니없어 보이더라도 무조건 도움이 된다고 할 수 있다. 나는 우리를 둘러싼 사회적 문제와 관련해 그런 다른 방식의 문제 제기, 접근들이 가능한 사회가 긍정적인 사회라고 생각한다. 나는 인스피아를 통해, 비록 불완전할지라도 사회적 문제에 대한 다른 방식의 접근을 제안하고 새로운 가능성의 지대를 재미나게 궁리하는 일을 해보고 싶었다.

―

인스피아의 핵심 모티브인 '해찰'이라는 단어는 두 가지 차원에서 해방감을 주는데, 분야에서의 해방 그리고 권위에서의 해방이다.

우리의 사고와 시야가 정해둔 울타리를 넘지 못하는 이유는, 대체로 재미가 아닌 의무감으로 세상을 바라보기 때문이다. 어떤 분야에 흥미가 생기더라도 아마추어다운 강단과 무모함으로 선을 넘어보는 경우는 점점 드물어지고 있다. 하지만 불과 몇 세기 전까지만 하더라도 자신의 전문 분야가 아닌 분야에서 놀라운 발견을 하고 업적을 세운 아마추어가 많았다. 예를 들면 오늘날의 생물분류법을 만들어낸 스웨덴의 식물학자 칼 폰 린네는 스물여덟 살의 나이에 14쪽짜리 『자연의 세계』를 써서 세상을 놀라게 했는데, 그의 초기 연구는 대체로 자연의 아름다움에 흠뻑 빠진 아마추어다운 즐거움으로 이루어진 결과였다. 회화뿐 아니라 수학, 지리학, 기계, 의학, 생물학까지 거의 모든 분야를 평생 왕성한 호기심으로 파고들었던 레오나르도 다빈치의 경우도 그렇다.

하지만 오늘날엔 이런 사례를 찾아보기 어렵다.

다만 이처럼 분방한 해찰을 가능하게 하는 필수 조건이 있다. 그것은 바로, 자신의 위치를 알고 한계를 아는 겸손함이다. 그리고 이 겸손함은 호기심, 지적 욕심과 결코 별개의 것이 아니다. 왜냐면 새로운 것을 알고 싶어 하는 사람은 기득 지식에만 머무르려 하지 않기 때문이다. 그리고 기득 지식에서 벗어나 누군가의 지혜를 듣기 위해선 일단 나의 생각은 옆에 두고 겸손할 수밖에 없다.

문외한의 기세

뉴스레터를 제작하던 초기에, 어쩌다 보니 유명 베스트셀러를 레터에서 다루게 된 일이 있었다. 보통은 그렇게 유명한 책을 소재로 쓰는 일은 잘 없는데 해당 회차에서는 그 책이 중요한 메시지를 담고 있었기 때문에 반드시 그 책을 다루는 게 좋겠다고 생각했다.

결정은 했지만 글을 쓰는 내내 찜찜했고, 초고를 써서 같은 팀 동료에게 보여줄 때까지도 불안했다. '이거 엄청 유명한 책이잖아! 나도 봤었어. 좀 진부하네…' 같은 반응이 나올까 봐서였다. 역시 동료는 다 읽고 나서 "어? 나도 이 책 예전에 읽었는데!"라고 말했다. 나는 그 말이 나오자마자 속으로 '역시…'를 읊으며 눈을 질끈 감았다. 그런데 이어지는 그의 말은 내가 예상하지 못한 것이었다.

"읽긴 읽었는데, 다른 맥락에서 다른 사람의 시각으로 보니까 신선하네. 내가 예전에 읽었을 때 인상 깊게 봤던 대목이 언급돼서 좋기도 하고."

내가 써온 뉴스레터의 큰 특징 중 하나는 앞서 말했듯 '분야가 없는' 것이다. 이는 장점이 될 수도 있고 동시에 치명적인 단점이 될 수도 있었는데, 후자의 경우 분야가 넓을수록, 독자 가운데 내가 다루는 책을 훨씬 더 깊이 읽은 독자가 있을 수도 있고 해당 분야의 전문가인 독자가 있을 수도 있다는 점이다. 만약 내가 기자로서 미디어 생태계나 저널리즘에 관한 이야기만 한다면, 그래도 상대적으로 내가 잘 아는 분야를 쓰는 것이기 때문에 불안감이 덜할 것이다. 글에 나름의 전문성을 내세울 수도 있을 것이다. 하지만 한번은 도시에 대한 이야기를 다루었다가, 바로 다음 회차에서 감정노동, 과학기술학에 대한 이야기를 다루는 식의 레터를, 그것도 한 사람이 계속 쓰다 보면 아무래도 쓰는 입장에서는 매번 지뢰가 잔뜩 있는 땅을 밟는 느낌이 들어 몹시 조마조마해지기도 한다. 갑자기 전문가나 그 책에 굉장히 조예가 깊은 사람이 나타나 '너 이런 엉터리 헛소리를 잔뜩 지껄여놓다니!'라고 호통을 칠 것 같기도 했고 말이다.

아무리 책을 재료 삼아 글을 쓴다고 해도 내 목적은 단순히 책 소개가 아닌, 책을 경유해 나의 생각을 펼쳐놓는 것이었기에 오독이라든지 얕은 독해를 지적받을 가능성은 얼마든 있었다. 실제로 과거 뉴스레터와 관련된 인터뷰에서 이를 물어본 이도 있었다. "혹시 내용이 틀릴까 봐, 지적받을까 봐 두렵지 않았나요?" 나도 초반에는 이 부분이 가장 부담이었다. 30명으로 1회를 발송했던 레터는 불행인지 다행인지 금세 입소문이 나서, 극초기부터 나는 불특정 다수에게 레터를 보내고 있다는 긴장감을 품고 있었다. 특히 초반 입소문이 주로 페이스북에서 나는 바람에 칼럼니스트나 업계 관계자의 유입이 많았다. 그런데 놀랍게도, 4년 동안 레터를 연재하면서 종종 부정적인 피드백을 받기는 했지만 적어도 이 이슈로 인한 부정적인 지적은 '단 한 번도' 받은 적이 없다.

실제로 이 문제로 인한 불안은 생각보다 굉장히 빨리 사라졌다.

어떤 문제, 현상, 책에 대해서든 사람들은 그것에 처음 맞닥뜨리고 바닥부터 생각하기 시작하는 사람의 '텐션'을 흥미로워했기 때문이다. 나는 내가 그 주제에 대해 말끔한 눈을 가진 문외한이라는 것을 인정하고, 틀릴 가능성을 열어둔 뒤 나의 편견이 어떻게 형성되었는지 그 과정을 보여주고, 내가 해당 주제의 어느 부분에 유독 꽂혔는지 스스로 질문했고 답을 찾기 위한 분투의 과정을 글에 그대로 펼쳐서 보여주었다.

문외한은 어떤 문제를 대할 때 전제를 깔지 않고 바닥부터 생각하기 때문에, 네이티브와는 달리 문제에 접근하는, 혹은 어떤 현상을 바라보는 참신한 관점을 보여주기도 한다. 과거 한 유튜브에서 회계사 패널은 출판사 관계자로부터 출판업계의 산업 구조에 대해 듣더니 "패션업계와 유사하네요"라고 말했다. 이 비유에 대한 자세한 설명이 이어지진 않았지만, 대략 한번 상품을 개발(디자인)해두면 그것을 복제, 양산하는 데는 한계 비용이 적게 든다는 차원에서였을 것이다. 나 역시 출판계에 관해서는 문외한에 가깝지만, 저런 생각은 한 번도 해본 적이 없었기 때문에 깜짝 놀랐고 굉장히 흥미로웠다. 그리고 나의 경우에도, 질문을 받는 경우는 드물지만 간혹 가다 예리한 질문을 받아 머리를 맞은 기분이 든 것은 대체로 문외한들의 질문이었다. 예를 들면 종이 신문을 아직도 보는 사람이 있느냐, 없는데 어떻게 그렇게 많은 사람의 월급을 줄 수 있느냐부터 굳이 신문이 있어야 하는가에 관한 존재론적 질문까지. (나는 이 질문들이 무례하다고 전혀 생각하지 않는다. 이런 질문들에

샅바를 매고서 정면으로 맞설 수 있는 태도가 그 업계의 역동성, 진실성을 보여준다고 생각한다.)

　같은 풍경을 보더라도 어떤 풍경을 처음 본 사람들은 훨씬 더 각별하게 그 대상에 감탄할 수도 있다. 나는 회사가 정동길 근처라 거의 매일같이 정동길을 지나다니는데, 한번은 SNS에서 정동길 인근 산책로를 모두 그림으로 그리고 그 근처에서 어떤 전시를 보고 어떤 카페에서 차를 마시면 좋은지, 어디서 멍하니 볕을 쬐며 책을 읽으면 좋은지를 샅샅이 정리해둔 게시물을 보았다. 근 10년간 그 길을 수천 번은 다녔지만 그 그림 속 동네는 내가 모르는 곳들투성이였다. 매일같이 그 풍경을 보면서도 보지 않았던 것이다. 나는 그 게시물을 출력해 회사 책상에 붙여두고서 한동안 거기에 나온 곳들을 찾아가보기도 했다. 영어 웹사이트에서 서울 투어 후기 게시물들을 보면서도 비슷한 경험을 한다. 내가 늘상 다니던 곳을 전혀 다른 관점에서 바라볼 수 있어 흥미롭다.

　문외한이 우월하고 전문가나 네이티브는 열등하다는 이야기가 아니다. 무엇을 볼 때의 '의식적인 관찰'과 '새삼스러운 깜짝 놀람'이 문외한의 관점에 모종의 독특한 개성과 참신한 매력을 부여할 수 있다는 것이다. 어떤 대상을 멍하니 오래 본다고 해도 그저 그것에 친숙해질 뿐 그것에 대해 더 잘 알게 되는 것은 아니다. 의식적으로 눈의 한 꺼풀을 벗겨서 새롭게 보려고 노력하지 않는다면 말이다. 그리고 친숙해진다는 것은 새롭고 낯선 방식으로 그 대상을 관찰할 의지가 사라진다는 의미이기도 하다. 대신 새롭게, 새삼스러운 시각으로 무언가를 바라본다면 우리는 굉장히 친숙하고 뻔한 것에서도 낯선 관점을 얻을 수 있다. 내 경우는 책을 그 렌즈로 삼았다.

그리고 그런 조우와 통과의 과정에서 자연스럽게 나만의 '주장'이 도출되었는데, 이런 주장 가운데는 나도 전에는 알지 못했던 것이 많았기 때문에 내 글은 사실 '자신의 신념을 강하게 내세우는' 일반적인 주장이라고 보기는 어려웠다. 그보다는 '어리둥절한데 일단 재밌는 걸 보고 와서 깜짝 놀란 사람'의 표정에 가깝지 않았을까.

사실 어떤 것에 대해 통찰하는 데에는 생각보다 그렇게 오랜 시간이 걸리지 않을 수도 있다. 만약 그것을 사려 깊은 시각으로, 집중해서 면밀히 관찰한다면 말이다. 오노레 드 발자크가 한번은 초청을 받아 이탈리아의 마을을 방문했는데, 그는 그곳에서 불과 이 주일 남짓을 머무르면서 그 지역에 대해 평생 그곳에 산 사람보다 훨씬 더 예리하게 통찰한 글을 남겼다.* 중요한 것은 의식적인 관찰의 태도, 그리고 자신이 틀릴 수도 있지만 어떻게든 지금 내가 처음 느낀 이 감정을 솔직하게 쏟아내보겠다는 '기세'이다. 반쯤은 핑계이긴 하지만, 이런 기세를 항상 품고 있었기 때문에 나는 뉴스레터를 발행한 4년 동안 단 한 번도 세이브 원고를 미리 써둔 일이 없다. '미리 써둔다'는 감각으로는 왠지 같은 초조함과 밀도로 생각을 밀고 나가기가 어려웠다.

나는 이 '기세'라는 단어를 좋아한다.

사실 어떤 것에 관해서 말하든 간에, 세상에 자신만의 관점을 주장하기 위해서는 어느 정도 무모한 용기가 필요하다. 불안감을 이겨내고 빈 공간에 제멋대로 발을 내디뎌보고 죽이 되든 밥이 되든 질러보는 마음이 필요하다. 글을 쓰는 순간에는 가장 불안하지만, 오랜 시간을 두고 다시 봤을 때 가장 흥미롭고 기억에 남는 글은 대체로 그 당시에 과감하게 '지른' 글, 안전한 방식으로 주장을 끝맺은 글이 아닌 '이미 있던 것'에 아슬아슬하게 도전했던 글들이

* 슈테판 츠바이크, 안인희 옮김, 『츠바이크의 발자크 평전』, 푸른숲, 1998.

다. 이런 글의 특징이라면 대체로, 그 주제를 완전히 장악하고 있다는 느낌 없이 반절 정도는 내가 뭘 쓰고 있는지 애매한 상태로라도 쓰면서 어찌 됐든 기세를 타고 끝을 맺었다는 것이다. 이는 엄밀히 말하면 미완에 가까운 글이겠으나, 한참 뒤 다른 책이나 기사를 읽다가 서로 연결이 되어 느슨하게 하나의 글로 이어지기도 했다. 그렇게 한 편이면서도 100편인 글들을 써왔다.

매주 대중없는 주제들로 연재되는 뉴스레터에서, 그리고 책을 기반으로 하는 뉴스레터에서 그렇게까지 체계적이고 거창한 글이 나왔을 리는 없지만, 기한을 두고 일주일 만에 쓰는 글이라고 할지라도 적어도 나는 쓰는 도중에는 한순간이라도 기세를 잃지 않기 위해 노력해왔다. 이는 독자들을 위한 것이기도 했지만, 동시에, 아니 그보다도, 나를 위한 것이었다. 그래야 쓰는 본인이 가장 재미가 있으니까.

2부

나에게도 도움이 될 만한 솔직한 방식의 일

불안을 마주하기

1인 뉴스레터를 쓴 지 2년이 넘어가던 시기, 종종 사람들은 물었다. "이제는 조금 익숙해졌지?"

하지만 시작한 지 4년이 다 되어가는 시점에도 나는 마지막까지 레터 예약을 못 걸고 계속 글을 수정하다가 원래 발송 예약 시간인 새벽 6시 반에서야 가까스로 직접 레터 송부 버튼을 누르곤 했다. 브라우저에 레터 발송 알림이 뜨고 레터 오픈 수치가 하나둘씩 올라가기 시작하면(즉, 문제없이 송부가 되었다는 게 확인되면) 그제야 떠오르는 해를 보며 겨우 까무룩 잠이 들었다. 정오가 넘어갈 때쯤 구글 설문으로 받는 피드백함을 열어보는데, 피드백이 한두 개라도 와 있으면 마음을 쓸어내리고 그날 하루는 조금은 편하게 보낼 수 있다. 하지만 피드백이 하나도 와 있지 않으면 가슴이 철렁하고 그날은 소화도 잘 안 되고 뭘 해도 도저히 집중이 되지 않는다.

글을 잘 읽었다고 해서 반드시 피드백을 남기는 것도 아니고, 피드백을 주지 않더라도 꾸준히 읽어주는 독자가 많다는 사실은 알고 있지만 첫 피드백이 오기 전까지 나는 항상 극도의 불안에 시달린다.

나는 평소 눈치가 전혀 없고, 남의 평가에도 신경을 쓰지 않는 편이라고 생각해왔다. 하지만 이상하게 뉴스레터를 쓸 때는 극도의 예민함과 불안함에 시달려야만 했다.

그렇지만 불안함을 '극복'하기 위해 마인드 컨트롤을 하는 식으로 노력해본 적은 없다. 불안하면 불안한 대로 계속 불안해하면서 끝까지 글을 고쳤다. 내가 극복해야 하는 것은 불안감이 아니었기 때문이다.

위태롭거나 불안하지 않은 채로 창작을 하는 것은 가능한 일일까?

전에 어디선가 "가장 행복한 작가는 일류 작가가 아니라, 자신의 작품에 만족하는 이류 작가"라는 말을 본 적이 있다.

창작자가 먼 훗날 자신의 작품을 보고 새삼스럽게 감탄할 수도 있다. 그런 일이 아주 없는 것은 아니다. 하지만 적어도 작품을 만드는 순간, 내놓기 직전과 직후의 순간까지는 계속 내가 만든 것이 불만스럽고 부끄러워야 **'이 정도면 됐다'는 함정**에 빠져들지 않을 수 있다. 내가 만든 것에 만족하는 순간 더 나은 것을 만들기 위해 노력하고 한 끗 다른 시도를 할 필요가 없어진다. 만족은 심적 안정감에는 도움이 될지 몰라도 적어도 조금 더 나은 창작물을 만드는 데는 도움이 되지 않는다고 생각한다. 글의 전체적인 인상을 결정짓는 디테일은 결국 마감 직전까지 몸부림치며 바꾼 한 단어, 한 문장에서 나오는 경우가 많았다. 만약 내가 덜 예민하고 덜 스트레스를 받는 성격이었다면 이렇게까지 강박적으로 글을 고칠 일은 없었을 것이다.

불안이 중요한 이유는 단순히 퀄리티 차원에서만은 아니다. 과연 나조차 모르는 것, 장악하지 못한 것을 다루면서 불안하지 않을 수 있을까? 모든 콘텐츠가 다 그렇다고 생각하지는 않지만, 적어도 나의 경우 인스피아를 쓸 때는 내가 **'아는 것'을 '안전하게'** 쓰지 않겠다고 다짐했다. 여러 매체에서 자주 거론되었던 주제를 다룰 때에도 반드시 어떻게든 새삼스럽게 다른 차원에서 바라보려고 노력했고, 왠지 파고들어보고 싶은 미지가 나올 때까지 계속 걸어다녔다. 결론을 정해두고 쓴 적은 없다. 인스피아는 통상 머리말과 본문, 결말(맺음말)의 구조였는데 머리말과 본문 정도는 초고 단계까지 대강 전개를 염두에 두고 쓰곤 했지만 맺음말만큼은 머리말과 본문을 다 쓴 뒤 마지막의 마지막에 가서 쓰는 경우가 많았다.

일단 틀을 짜두고 접근하는 것이 아니라, 틀은 최소한으로만 둔 채 자료 수집의 과정부터 철저히 '감'에 의존한다. 이 때문에 항상 주제를 정하고 결론을 맺는 과정은 대체로 불안불안하고 좌충우돌이다.

이런 좌충우돌은 생뚱한 조합의 책을 두 권 이상 엮는다는 뉴스레터의 콘셉트가 강제하는 면도 있었는데, 책을 한 권 읽으면 그 책에 빨려 들어가기 쉽지만 만약 다른 책을 덧붙인다면 그 조합만으로도 새로운 에너지가 발생하기 때문이다. 예를 들어 엘리 러셀 혹실드의 『감정노동』에 장자크 루소의 『에밀』을 덧붙인다거나, 조안 핑켈스타인의 『레스토랑의 사회학』에 리처드 세넷의 『투게더』를 덧붙이는 식이다.

그간 나는 인스피아라는 레터 자체를 하나의 사고실험의 도약대로 삼아왔다. 머리말에서 질문을 던지고, 본문을 통과해 그 결과 내 마음속에 떠오르는 인상을 보고 그것을 글에 그대로 담아내려고 노력했다. 어떤 회차든 내가 머릿속에 각을 다 짜고 쓰기에 들어가는 경우는 거의 없었지만, 맺음말만큼은 내 스스로에게도 한층 더 예측 불가능했다.

마지막으로, 불안하다는 것은 곧 **자신이 작고 불완전한 사람이라는 것을 인정하는 것**이기도 하다.

사실 이런 태도는 미디어뿐 아니라 어느 업계에서든 '셀럽'이 되고 싶다면 권장할 만한 태도는 아니긴 하다. 관심경제와 인플루언서의 시대에는 일단 호언장담하고 자신이 무엇이든 줄줄 꿰고 있다고 자신만만하게 구는 것이 신뢰를 얻고 인지도를 높이는 방법이다. 하지만 만약 당신이 이런 종류의 인플루언서가 되는 것이 목적이 아니라, 자기 자신에게도 도움이 되는 솔직한 방식으로 콘텐츠를 만들고 싶어 하는 사람이라면 오히려 자신의 불안을 잃지 않고 꼭 붙잡아두는 것이 도움이 될 것이라고 생각한다.

과거 우연히 경영사상가 찰스 핸디가 쓴 책을 읽다가 굉장히 인상 깊은 대목이 있었다. 어느 날 그가 BBC 라디오 아침 방송에 출연해 시사 논평을 했는데, 그의 친구 어머니가 그걸 듣더니 이런 말을 했다. "네 친구 찰스가 뭐기에 아침 밥상에서 자기의 견해를 우리에게 불쑥 들이미는 거니?" 그 뒤 찰스 핸디는 생각한다.

그래서 '나는 도대체 무슨 권리로 이런 일을 하는가?' 하고 자문하곤 했다. (…) 내가 남들에게 뭔가 중요한 것을 전달해 그것을 설득할 수 있다는 자신감과 과연 남들이 내 얘기를 들어주기나 할까 싶은 회의감 사이에서 힘든 외줄타기를 해야 한다. (…) 내 경험에 비추어볼 때 그 힘든 외줄타기의 느낌은 결코 사라지지 않는다. 만약 그 느낌이 사라진다면 그게 더 걱정일 것이다. 자신감 속에서 싹트는 회의감, 나아가 타당한 회의감은 사람을 정직하게 만든다.•

이 대목을 읽고 깜짝 놀란 이유는, 내가 실제로 뉴스레터 발행 초기에 머리를 쥐어뜯으며 '내가 무슨 권리 authority로 이런 말을 떠드는가…'라는 말을 머릿속에서 염불처럼 외고 다녔기 때문이었다. 하지만 과연 자신의 '권리(권위)'에 대한 강력한 확신, 의심 없는 자기 확신, 강함은 쓰는 사람에게 어떤 도움이 되는가?

『염소의 노래』를 쓴 일본의 시인 나카하라 주야는 젊은 시절 방황 끝에 비로소 결혼을 하고 자녀를 얻으며 차

- • 찰스 핸디, 이종인 옮김, 『코끼리와 벼룩』, 모멘텀, 2016, 271~272쪽.

즘 심리적, 경제적 안정을 얻기 시작한다. 하지만 시인에게 '안정'은 결코 환영할 만한 것이 아니었다. 결혼 이후 나카하라 주야의 심리에 대해 사이토 다카시는 이렇게 말했다.

> 주야는 의지적으로 강해지지 않으려고 했다. (…) 주야는 강해짐으로써 마음의 촉이 둔해지는 것을 가장 두려워했다. 그는 가정을 이루고도 고독감을 떨치지 못했다.•

2023년 한 뉴스레터 전시회를 계기로 태어나서 처음으로 팔자에 없던 대중 강연을 했다. 어디 나서는 것을 극도로 싫어하는 성격인 데다가 사람들 앞에서 강연을 한다는 것은 상상조차 할 수 없었던 나는 질문지를 두 번이나 만들어 집에서 달달 외웠고, 전날 거의 꼬박 밤을 샜다. 그리고도 청중의 얼굴 대신 천장에 달린 전등갓만 쳐다보면서 겨우 정해진 강연을 끝냈다. 그러다 2024년 첫 단독 저서를 내고 나서 조금씩 강연 경험이 늘기 시작했다. 나중에는 PPT도 없이 말을 청산유수로 할 수 있게 되었고, 연속 강의도 맡아보았다. 이젠 강연 요청이 오면 퇴근 후 쓱

• 사이토 다카시, 장은주 옮김, 『혼자 있는 시간의 힘』, 위즈덤하우스, 2023, 154쪽.

자료를 훑어보고 가서 할 수 있을 정도로 조금은 익숙해졌다고 생각한다. 그런데 어느 날, 문득 청중을 향해 느긋하고 유창하게 이야기를 하고 있던 스스로를 낯설게 여기게 되었다. **과연 나 주제에 무슨 말을 신나서 떠들고 있는 건가?**

물론 책이 나오고 나서, 해당 책을 기반으로 북토크나 강연을 하면 대체로 비슷한 이야기를 하게 되는 건 당연한 일이긴 하다. 직접 마주하면 예상 외로 사람들은 꽤 호의적이고, 나는 사람들의 호의적인 시선을 받으면 급격히 '내가 뭘 잘못하고 있는 것인가?'라고 생각하는 부류의 사람이기 때문에 앞으로도 아는 것에 대해 안전하고 유창하게 말하는 강연은 되도록 지양하고 싶다고 생각했다. 비록 '횡설수설하는 사람'이라는 진실된 평판이 세간에 퍼져나가 강연자로 초대받지 못하게 된다고 할지라도 말이다.

피드백은 하나의 텍스트다

피드백을 어떻게 수용할 것인지는 모든 콘텐츠 생산자들의 큰 관심사일 것이다. 생산자라면 대체로 자신에게 호의적인 피드백을 받고 싶어 하고, 비판적인 피드백은 피하고 싶다. 다만 비판적인 피드백을 지나치게 배제하고 호의적인 피드백만 살핀다면 채널은 정체될 수 있다.

결과적으로 생산적인 방식, 개인에게 맞는 방식으로 피드백을 받아들여야 한다는 건데, 이런 뻔한 이야기만을 늘어놓기 위해서 글을 시작한 것은 아니다.

나는 예전부터 '타인의 평'(악평이든 호평이든)을 어떻게 받아들일 것인지에 대해, 복잡하게 생각할 필요 없이 하나의 **텍스트로** 바라보면 좋지 않을까 생각했다. 즉, 내가 평소 텍스트를 다양한 층위에서, 의식적으로 구분해서 보는 것과 마찬가지로 나를 향한 타인의 평 역시 텍스트를 읽듯 접근하면 되는 것이다.

대체로 그간 내가 피드백을 수용해온 기준이나 원칙을 네 가지 정도로 소략하게 정리해본다면 다음과 같다.

1. 텍스트에는 차등이 있으며 저열한 것을 굳이 삼키지 않는다.
2. 텍스트는 나에 대한 것보다 때로 그것을 쓴 타인에 대한 것을 더 많이 드러낸다(특히 감정적인, 공격적인 텍스트의 경우).
3. 유익한 텍스트가 들어오는 경로 및 루틴, 방식을 텍스트를 읽는 본인이 제대로 구획해야 한다.
4. 읽지 말아야 할 때가 있다.

1. 너무 당연한 얘기지만, 텍스트에는 차등이 있다는 것이다. 평도 마찬가지다.

우리는 발자크의 소설과 조지 오웰의 수필을 커뮤니티의 악플과 동급으로 두고 보지 않는다. 선의에 사려 깊음과 기술 등이 더해져서 비로소 의미 있는 텍스트/작품이 나오듯, 피드백에도 어느 정도 기술과 책임감이 필요하지만 사람들은 그것을 자주 잊는다.

우리는 흔히 피드백을 나에 대한 평가를 기준으로 좋은 평-나쁜 평으로 구분하지만, 이러한 기준보다는 평 자체의 예술성 및 균형, 진실성을 기준으로 삼아 살피는 게 좋다고 생각한다. 평 자체가 사려 깊게 잘 쓰인 것이라면 당연히 나의 단점을 짚어낼 수도 있는 것이고, 평 자체가 잘못 쓰이고서도 나의 장점을 껍데기처럼 칭찬할 수도 있는 것이다.

여기서 저열한 것을 삼키지 말아야 한다는 것은, 악평의 경우에도 마찬가지지만 좋은 평의 경우에도 마찬가지다. 물론 사람이 자신에 대한 호의를 마다하긴 어려운 일이겠지만, 적어도 그 평이 나에게 의미 있는 텍스트로 작용하기 위해서는 그것을 받아들이는 나의 안목도 중요한 것이다. 책을 읽을 때 책을 고르는 안목이 중요한 것과 마찬가지로 말이다. 평의 경우에도 무조건 '나에 대한 이야기니까' 물을 통째로 들이마실 것이 아니라, 그 가운데서도 제대로 된 텍스트를 선별적으로 골라 사려 깊게 읽어낼 줄 알아야 한다. 그런 태도로 나에 대한 평에 접근한다면, 피드백의 상당 부분을 흘려보낼 수도 있다. 잘 쓰인 텍스트가 드물듯 잘 쓰인 평도 드물기 때문이다. 그저 그 평이 있기 때문에 읽을 필요는 없다.

2. 무엇에 대한 텍스트는, 특히 강렬한 감정을 담은 것일수록 대상보다도 오히려 필자에 대한 내용을 많이 담고 있다.

그간 인스피아에서 다룬 주제들에 대해 덮어놓고 공격적인 반응이 온 경우는 그렇게 많지 않지만, 그런 글들의 공통점은 밑도 끝도 없이 '어떻게 A라는 주제를 B 따위로 다룰 수 있느냐'는 주장이었다. 더 중요한 것을 왜 더 제대로 다루지 않느냐, 혹은 그런 중요하지 않은 것을 왜 부풀려 다루느냐 같은 말이다.

이런 피드백을 받으면, 나는 의외로 조목조목 사려 깊게 아쉬움을 표현하거나 비판한 피드백보다도 거의 타격을 입지 않았다. 왜냐면 이렇게 강렬한 감정을 담은 글을 볼 때면 익명으로도 나타나는 쓴 사람의 개성으로 인해 되레 흥미로웠기 때문이다.

나의 글은 당연히 중립을 표방한 적도 없고, 그럴 수 있다고 생각하지도 않는다. 그런 사소한 문제를 머리에 넣고 글을 쓸 여유도 없다. (내 경우 가장 중요한 목적은 쓰면서 내가 재밌는 글을 쓰는 것이다.) 즉, 나의 글은 나의 편견의 소산이며 표현이다. 이런 글을 두고 누군가가 남기는 감정적인 비평(?)은 나의 편견과 자신의 편견이 서로 부닥치고 있다고 소리를 높이고 있었다. 이런 글을 만날 때 나는 만약 그 사람이 나의 눈앞에 있다면, 혹은 그 평에 댓글을 달 수 있다면, 정말 진심으로, 지금 당신의 그 마음에 귀를 기울이고 소중히 여기라고 말하고 싶었다.

사실 내가 인스피아를 쓰기 위해 책이든 무엇이든 읽을 때, 단연 소중하게 여기는 것은 그 글을 읽는 중 가장 강렬하게 내게 촉발되는 '감정'이다. 어떤 책을 읽다가는 화가 나서 도저히 다음 장을 넘기기가 어려워 중도에 포기하기도 하는데, 그럴 때 나는 단순히 책을 덮는 게 아니라 내가 왜 그런 강렬한 감정을 느끼게 되었는지 그 포인트에 최대한 집중해본다.

예를 들어, 내가 어떤 책을 읽다가 그 책이 지나치게 사소한 문제를 마치 문제의 본질인 것처럼 오도하는 데 분노한다고 쳐보자. (물론 처음에는 그냥 마음에 안 들어서 책을 집어던지고 싶을 뿐이다.) 이때 단지 그 책을 욕하고 넘어간다면, 나는 의미 있는 시그널을 얻을 기회를 놓치는 것이다. 내가 그 책에 대해 그렇게 생각했다면 반대로 해당 문제에 관해 더 중요한 무언가가 있다고 막연하게나마 인지하고 있을 것이고, 그 지점을 세심하게 발견하는 것이 그 책을 읽은 가장 큰 의미인 것이다. "내가 쓰면 이것보다 잘 쓰겠다"라는 말은 정말로 중요하고, 또 많은 작가들이 실제로 이런 말을 하면서 자기 작품을 쓰기 시작한다. 이는 구체적으로 나의 강렬한 불만 감정을 단순히 상대를 비난하고 별점을 0점 주는 데만 쓰고 끝내버린 게 아니라, 내가 부족하다고 여긴 남의 글을 나의 버전으로 새롭게 고쳐 쓰며 생산적으로 이용하는 것이다.

그렇기에 나는 감정적인 피드백의 경우엔, 비슷한 피드백이 지나치게 많이 오는 경우가 아니라면 대체로 나에게 유의미한 텍스트로 받아들이지 않는 편이다. 대체로 이는 나보다도 쓴 상대방에게 더 가치가 있는 텍스트이다.

3. (앞서 1에서) 나는 대부분의 텍스트와 마찬가지로 평 역시 좋은 평과 나쁜 평이 있다고 말했다. 이때 좋은 평을 얻기 위해서는 나만의 소스를 열어두어 내가 직접 찾아가서(필요한 책이 있다면 그 책을 서가에서 '직접' 꺼내어 가져오듯) 평을 구할 필요가 있고, 혹은 유의미한 피드백이 들어올 수 있도록 플랫폼이나 경로를 평소에 잘 조성하고 체크해둘 필요가 있다.

내가 뉴스레터를 쓰기 위해 정기적으로 참고하는 대표적인 피드백의 통로는 크게 두 가지인데 하나는 구글폼을 통해 얻는 뉴스레터에 대한 정기적인 의견 코너이고, 하나는 회사 동료다.

인터넷에서 유의미한 소통이 일어나기 어려운 가장 큰 이유 중 하나는, 단순히 그것이 대면 소통이 아니라는 점 외에도, 그 소통의 경로가 다양하고 아주 작은 장치만으로도 소통의 양상이 달라질 수 있다는 점이다. 예를 들어 로그인하지 않고 누구나 익명으로 댓글을 쓸 수 있도록 만들어둔다면 그곳은 금세 욕설과 비하, 광고가 난무하는 시궁창이 되고 말 것이다. 많은 커뮤니티와 댓글창에서 유의미한 소통이 일어나지 못하는 이유도, 본질은 그곳이 섬세하게 관리되고 장악되지 못하고 있기 때문이다. 모든 종류의 관리를 '표현의 자유 침해'라고 여기는 상업 플랫폼의 시대에 살고 있음에도, 만약 유의미한 소통을 하고자 한다면 의식적인 관리는 반드시 필요하다. 그리고 이 관리는 결국 관리자가 얼마나 이 '공간'에 진지하게 신경을 쏟고 있는지와 연관이 된다. 즉, 피드백을 귀 기울여 듣고 거기에 진심으로 답한다는 느낌을 주어야 한다는 것이다.

보통 뉴스레터의 경우 피드백을 받으면 그중 몇 가지 대표적인 피드백을 선정해 본문에 함께 싣곤 한다. 나도 초반엔 그렇게 했었는데, 그러다 보면 분량 관계상 피드백을 모두 다 실을 수가 없고 글에 대한 독자의 반응을 충분히 살필 수가 없었다. 그리고 독자로부터 온 피드백을 대강 추려 '소개만' 하고 끝내는 것은 그저 피드백을 장식품 정도로 여기는 것이지 소통하는 게 아니라고 생각했다.

이 때문에 나는 분량과는 관계없이 충분히 모든 피드백을 다 싣고, 또 거기에 대한 나의 답변도 충분히 실을 수 있도록 노션 페이지를 따로 개설했다. 그리고 대부분의 피드백에 답변을 남겼고, 때론 독자가 보낸 피드백보다 나의 답변이 훨씬 긴 경우도 있었다. 이것이 가능했던 이유는, 내가 구글폼 설문 문항을 5문항으로 나누는 등 (대부분의 뉴스레터는 문항을 한두 개만 둔다) 다소 까다롭게 설정해둔 장치를 통해 어느 정도 유의미한 피드백이 내게 흘러오도록 관리를 했기 때문이었다. 그리고 독자들이 보내는 피드백을 다른 사람들도 모두 볼 수 있게 함으로써, 이곳에 피드백을 보내려면 이 정도로는 신경을 써서 글을 써야 하는구나 하는 감을 잡을 수 있도록 했다. 그 결과 피드백의 절대적인 개수 자체는 적지만, 하나하나가 꽤 도움이 되는 피드백들을 모을 수가 있었다.

간혹 이런 피드백에 답변을 다 달아주는 게 지나치게 비효율적인 것이 아니냐는 이야기가 나오기도 했다. 하지만 직접적인 '대화'는 아니더라도, 이처럼 나의 글을 직접 읽고 또 사려 깊게 반응을 남겨주는 사람에게 답변을 남기는 과정에서 나 자신이 오히려 새로운 아이디어를 얻는 일도 많았다. 현실에서도 수다를 떨다가도 문득 스스로 재밌는 생각이 떠오르듯 말이다. 모든 종류의 글은 (SNS 글이든 일기든 편지든 메모든…) 진심을 담아 쓴다는 가정하에 어떻게든 반드시 상대방보다도 나에게 도움이 될 수밖에 없는데, 그 이유는 글을 쓰는 것은 갈무리가 아닌 생각의 과정 그 자체이기 때문이다.

한편, 레터를 발송하기 전 사전에 피드백을 받는 것은 주로 회사의 다른 팀 동기 한 명에게 쭉 부탁하고 있다. 통상 언론사의 경우 현장기자가 기사를 쓰면 이를 데스크(팀부장)가 데스킹(확인 및 고치기) 하는 과정을 거쳐 완성한다. 반면 내 뉴스레터의 경우엔 처음부터 '공식 뉴스레터'라는 이름을 내세우지 않은 서브 프로젝트에 가깝기 때문에(아직도 인스피아가 경향신문 뉴스레터라는 것을 모르는 구독자가 굉장히 많다) 별도의 데스킹 과정을 거치지 않고 써왔는데, 혹시 모를 문제의 소지 등을 사전에 방지하고 마음의 안정감을 얻기 위해서는 주위에 한두 명쯤 정기적으로 피드백을 줄 사람이 있다면 정말로 큰 도움이 된다.

여기서 중요한 건, 피드백을 주는 사람이 꼭 해당 분야에 정통하지 않아도 상관이 없고 오히려 그렇지 않은 편이 좋다는 것이다. 내 뉴스레터에 피드백을 준 동기의 경우

기자가 아닌 기획자·디자이너로, 책을 아주 많이 읽는 책벌레 과도 아니다. 하지만 오히려 그렇기 때문에 훨씬 '일반 독자'의 입장에서 진솔한 피드백을 주고 있어 내게 정말 도움이 된다. 특히 동기는 나와 친하고, 허물없이 서로의 단점을 지적할 수 있을 만큼 신뢰 관계가 형성이 되어 있기 때문에 때론 아픈 지적을 하기도 한다. 이처럼 '좋은 말'만 해주는 것이 아니라 내게 선의를 바탕으로 '나쁜 점'까지 지적해줄 수 있는 이에게 정기적으로 피드백을 받는다면 몇 명의 팀원이 있는 것처럼 든든하다.

4. 피드백을 신경 쓰지 말아야 할 순간이 있다.

피드백의 중요성을 강조해놓고 이렇게 이야기한다면 엉뚱해 보일 수 있지만, 지금까지의 이야기에서 그렇게 크게 벗어나지는 않는다. 피드백을 신경 쓰지 말아야 할 순간이 있다는 것은, 단지 우리의 '목적'이 무엇인지를 잊지 말라는 것이다.

우리의 목적은 피드백을 모조리 흡수해 그것을 반영하는 것이 아니다. 우리는 우리의 개성과 욕망이 담긴 글을 쓰고, 콘텐츠를 만들고, 그것을 가지고 세상을 깜짝 놀라게 하거나 재밌게 만드는 것이 목적이다.

오늘날 콘텐츠 업계에서는 '독자 반응 분석'을 굉장히 중요하게 여기는 경우가 많다. 독자가 어떤 글을 읽고 싶어 하고, 어떤 글에 오래 머물렀고, 어떤 글을 더 많이 클릭했는지 같은 빅데이터를 모아 분석해서 그들이 원하는 것을 제공한다는 차원에서다. 종종 언론사들은 신규 채널을 론칭하는 등 새로운 미디어 전략을 세우기 위해 그에 앞서 독자들에 대한 대규모 설문조사를 실시하기도 한다.

하지만 나는 이런 종류의 설문조사에 항상 회의적이었는데, 오늘날의 언론계에는 애초에 유의미한 수요층이랄 것이 없기 때문이다. 수요 자체가 없다는 게 아니라, 현 상황에서 '어떤 기사를 읽고 있나' '어떤 언론사를 선호하나' 등을 물었을 때 거기에 대한 의미 있는 답변이 나올 정도의 독자 취향과 행동이 형성되어 있지 않은 상황이라는 의미이다. 이런 종류의 수요 설문은 음악은 대충 추천 플레이리스트에 나오는 것을 듣는 정도이고 클래식도 거의 듣지 않는 나에게 당신은 카라얀의 지휘를 선호하는가 번스타인의 지휘를 선호하는가를 묻는 것이나 마찬가지일 수 있다는 거다.

하지만 문외한이라고 할지라도, '좋은 것'을 만나면 왠지 모르게 마음이 끌리고 그 에너지에 빨려 들어가게 된다. 내 생각에는, 프로의 할 일은 상대방의 (그 자신조차 품고 있었는지 미처 몰랐던) 욕망을 이끌어낼 수 있도록, 그가 사랑할 수 있을 만한 작품을 완성된 형태로 내놓는 것이지 '피드백'을 통해 그들이 좋아할 만한 것을 계산해서 내놓는 것이 아니다.

　무대에서 무엇을 해야 할지 몰라서 청중의 의견을 구하며 두리번거리는 배우를 본 일이 있는가? 주방에서 어떤 재료를 가지고 무엇을 해야 할지조차 우왕좌왕해서 손님들에게 무엇을 만들면 좋겠느냐고 묻는 요리사를 본 일이 있는가? 비록 우리가 쓰는 글이 예술품은 아닐지라도, 우리는 오마카세 식당의 주방에 선 셰프처럼, 무대에 선 배우처럼 나의 글-콘텐츠를 완성된 형태로 내놓아 이용자 경험에 반드시 프로로서 책임을 져야 한다. 이 바쁜 세상에 내가 쓴 글을 읽기 위해 누군가가 단 몇 분이라도 시간을 내어주는 것은 '기적'이다. 창작자라면 모쪼록 그 기적을 소중히 여겨야 한다.

작은 의문들이 배경이 되어

우리는 통상 어떤 새로운 아이디어나 영감이 책상 앞에서 나온다고 생각하곤 한다. 하지만 실은 그보다는 아이디어는 그때그때 알지 못하는 새에 미약한 실마리가 느슨하게 겹쳐져 나중에 비로소 기회가 되면 이어진다. 일단 적어도 나(인스피아)의 경우는 그러했다.

이하는 몇 가지 인스피아를 만들어내는 데 직간접적인 영향을 주었다고 생각하는, 이런저런 어리둥절함 및 **'멈칫거림'**의 순간들이다.

1. 과거 문화부 기자였던 시절 부서에서 5매짜리 짧은 서평 기사들을 종종 썼다. 간혹 재미가 없는 책이 있기도 했지만, 낯선 책들은 대체로 막상 읽고 나면 꽤 흥미로

운 이야깃거리를 많이 품고 있었다. 짧은 서평기사는 굳이 책을 다 읽지 않아도 쓸 수 있지만, 내 경우는 대체로 내게 당도한 책들을 보도자료를 보지 않고, 오직 책만 읽고 서평을 쓰곤 했다. 그렇게 짧은 분량에 딱 맞춰 쓴 글은 내 스스로가 보기에도 꽤 핵심을 찌르는 부분이 있었고, 보람도 느껴졌다. 문제는 그렇게 쓴 절묘한 서평이 나중에 보면 100뷰 남짓한 초라한 기록만을 남겼을 뿐이라는 것이다. 아마도 지금 와서 생각해보면 그 100뷰 중 상당수는 나 혹은 출판사 관계자가 차지하지 않았을까 싶다. 실제로 언론사 서평에 관심을 갖고 이를 기뻐하며 SNS에 올리는 사람들은 그 책의 저자와 담당 편집자, 마케터 정도다.

요는 아무리 열심히 써도 그것이 닿지 않는 목소리라면 왜 쓰는지 알 수가 없다는 것이다. 게다가 실제로 그 글들을 내가 전력을 다해서 만족할 만큼 썼다고 보기도 어려웠다. 5매라는 분량도 문제였고, 기본적으로 언론사의 서평이 책의 내용을 중립적으로 정보로서 다루어야 하기 때문이기도 했다.

이런 답답함이 나만의 것은 아니었던 모양이다. 조지 오웰은 「어느 서평가의 고백」이라는 산문에서 이렇게 말했다.

능숙하게 한 권씩 대충 건너뛰며 읽은 다음, "어휴, 잡소리!"라는 최종 논평과 함께 차례로 탁탁 내려놓게 된다. (…) '절대 놓쳐서는 안 될 책', '페이지마다 기억할 만한 내용 수록', '무엇, 무엇을 다룬 챕터에 특히 높은 가치가 있다' 따위의 온갖 판에 박힌 표현들이 자석에 딸려가는 쇳가루처럼 착착 자기 자리로 뛰어들고, 서평은 딱 3분을 남겨놓고 정확한 분량에서 끝을 맺는다. (…) 모든 책이 검토할 가치가 있다는 생각이 당연시되는 한, 해결책은 없다. (…) 기존의 600단어짜리 중간 길이 서평은 서평가가 진정성을 가지고 쓴 것이라 해도 어정쩡하다. 대개의 서평가는 그런 글을 쓰고 싶어 하지 않는다. 그렇게 매주 토막글들을 쏟아내다 보면 서평가는 내가 이 글 앞부분에 묘사한 실내복 차림의 폐인처럼 쭈그러들고 만다.•

실은 '짧다'는 것 자체가 문제일 가능성이 크다. 5매라는 짧은 형식에 나의 경탄을 구겨 넣는 것은, 마치 비좁은 여행가방에 테트리스처럼 절묘하게 짐 싸기에 성공한 사람의 뿌듯함 같은 것 이상을 주기 어려울 수 있다.

• 조지 오웰, 이재경 옮김, 『코끼리를 쏘다』, 반니, 2019, 150~151쪽, 153~154쪽.

신문 기사가 이토록 '매수'에 집착하는 것은 기본적으로 지면에 '한계'가 있기 때문이고, 이는 전보 시절의 유산이다. 거의 모든 곳에 무료 와이파이가 깔려 있고 누구나 공짜로 무한한 글, 영상을 볼 수 있는 2020년대에 한계 운운하는 것도 이상한 일임에 분명하다. 긴 글 자체가 문제가 아니다. 길고 난삽하게 쓰인 글이 문제다. 만약 충분히 필요한 분량만큼 쓰인 길고 재미난 글이라면 우리는 기쁘게 읽을 수 있다. 그렇다면 왜 그 많은 재밌는 자투리, 애매한 서덜들을 담아낸 충분히 긴 글을 쓰지 않는가? 심지어 온라인 공간에서는 이미지, 하이퍼링크와 각주들도 풍부하게 이용할 수 있는데 말이다.

2. 신문지에서 책 관련 콘텐츠를 쓴다고 할 때, 쓰는 사람 입장에서 그나마 나은 것은 저자 인터뷰다. 왜냐면 인터뷰는 상대적으로 넉넉한 지면을 주기 때문이다. 물론 그렇다고 해도 15매를 넘기기는 어렵다.

하지만 이 경우도 한계가 있는데, 대체로 책을 안 읽은 사람들을 독자 대상으로 삼아야 하는 데다가 책의 홍보를 목표로도 삼기 때문에 글에 책 이상의 내용을 담기가 어렵다는 것이다. 그렇다면 결국 책 보도자료 얘기를 저자 얼굴 박아서 조금 더 길게 해준다는 것 외에는 아무런 이

득도, 다른 점도 없는 글을 왜 굳이 써야 하는가? 노파심에 말하자면, 저자 인터뷰가 나쁘다는 것이 아니라 저자 인터뷰를 단지 '책의 보도자료처럼' 하는 게 나쁘다고 말하고 싶은 것이다. 저자 인터뷰가 아무리 좋아도 책을 직접 읽는 경험을 대체할 수는 없다. 영화감독의 인터뷰가 아무리 좋아도 영화를 직접 보는 경험을 대체할 수 없는 것과 마찬가지다.

나는 생각했다. 차라리 책의 내용을 내 나름대로, 독자로서 응답할 '각오'로 한 줄이라도 제대로 읽고 소개해주는 것이 좋지 않을까? 이 인터뷰를 읽고서 책을 찾아 읽는 사람도 있겠지만, 그런 사람이 얼마나 될까?

이런 문제의식 때문에 실제로 인스피아에서 저자 인터뷰를 많이 다루지 않기도 했다. 일단 책이 출간된 이상 저자의 손을 떠난 것이고 직접 읽는 독자들이 더 늘어나야 한다. 나는 책이 나오고 나서 저자에게 다시 한 번 바투 마이크를 주는 것보다는 차라리 직접 읽는 독자가 되고 싶다고 생각했다. 그리고 대부분의 저자는 그것을 더 원할 것이라고도 생각했다. 그렇지 않은 저자도 있겠지만.

3. 언론사 서평에서 주로 메인으로 다루는 책이 대체로 '정의롭고' '의미 있는' 책들이라는 점도 문제였다.

실은 문화부 시절, 나는 회의에서 선택받지 못하고 주목받지 못했던 책에 좀 더 관심이 갔다. 간혹 경영서나 자기계발서 중에서도 이상한 매력이 있는 책들이 존재했고, 보는 순간 느낌표보다는 물음표가 뜨는 책들이 재밌었다. 하지만 이런 책들은 대체로 언론사에서 서평을 쓰기엔 너무 이상하다는 이유로 다루어지지 않곤 했다. 이런 문제의식의 일환으로 경향신문은 2017년부터 2019년까지 '이상한 책을 보았다' 시리즈를 연재하기도 했는데, 이 시리즈에선 『상상초월 포켓몬 과학 연구소』와 개와 고양이를 위한 자연식 밥상에 관해 이야기하는 『반려동물 집밥 레시피』, 『회의에서 똑똑해 보이는 100가지 기술』, 5.5킬로그램이나 나가는 『귀스타브 도레의 판화 성서』 같은 책이 소개되었다. 이마저도 '곁다리' 같은 느낌이니까 잠깐 연재가 가능했던 거지, 언론사 문화면에서 이런 종류의 서평이 메인이 될 수는 없다.

설령 '훌륭한' 책이라고 할지라도, 그것을 제멋대로 다뤄서는 안 되는데, 예를 들어 『사람들은 죽은 유대인을 사랑한다』(데어라 혼) 속 한 챕터의 일화에만 주목해서 긴 글을 쓰거나, 유행하는 책의 제목만 따서(『도둑맞은 집중력』) 그 열풍 주변을 해찰하기 위해 중세시대 수도사들의 집중에 대해 쓴 역사학 책과 자기계발서 느낌의 소련 과학자 평전을 언론사 지면 서평에서 함께 엮을 수 있을까?

4. 게다가 그 모든 잊힌 책들, 절판되고 서고로 들어간 책들은 책의 생태계에 속해 있지 않은가? 언론사가 꼭 신간만을 다루어야 할 이유가 있는가?

이 시대의 독자는 뉴스를 대체로 검색을 통한 데이터베이스DB의 맥락에서 활용하는 경우가 많은데, 그렇다면 기사가 진정한 의미의 '새 소식News'으로서 소비되는 것은 전체 기사 소비의 일부일 뿐이다. 이는 책-서평에 대한 기사뿐 아니라, 모든 기사가 그렇다.

19세기 전보의 발명, 그리고 언론사가 직접 고용하는 전문 취재기자의 탄생으로 과거에 비해 훨씬 더 많은 '새 소식'을 신문에 실을 수 있게 되기 전까지, 신문에는 새 소식을 거의 싣지 못하는 경우가 많았다. 언론인 톰 스탠디지에 따르면 1816년 뉴욕에서 가장 인기 있는 일간지 두 종의 지면에서 실제 뉴스는 평균 두 건도 되지 않았다고 한다.• 그럴 때 필요한 것은 빈 면을 대강 메우기 위한 성경 구절, 몇 년 전의 대통령 연설 내용, 시, 소책자 발췌문, 현

• 톰 스탠디지, 노승영 옮김, 『소셜미디어 2,000년』, 열린책들, 2015, 263쪽.

시국에 대한 재치 있고 맥락을 짚는 칼럼, 짧은 소설, 풍문 등의 많은 '읽을거리'였다.

그렇다면 전보 및 새 소식의 증가는 대중 읽을거리의 '진보'를 불러왔을까? 그렇지만은 않은 것 같다. 언론인이자 비평가 W. J. 스틸먼은 1891년 「애틀랜틱 먼슬리」에서 전신이 정보가 유포되고 소비되는 방식을 바꿨다며 개탄했다. "미국의 언론은 당대의 사상을 정기적으로 표현하고 현대의 삶에 대한 질문과 대답을 시의적절하게 기록하는 원래의 역할에서 인간 존재의 잡다한 전부를 수집하고 압축하고 융합하는 기관으로 전락했다."•

물론 언론의 역사에서 '옛 글'이 '뉴스'의 빈자리를 메웠던 것은, 새 소식을 원하는 만큼 충분히 얻을 수 없었기에 찾은 고육지책에 가까웠지만 사람들은 무언가 의미 있고 재미있는 '세상 돌아가는 일'에 대한 글을 읽기 위해 신문을 꺼내 들었던 것이다. 하지만 오늘날 신문은, 한국에서 마지막 전보 서비스가 지난 2023년 138년 만에 종료되었음에도 19~20세기의 상황에서 거의 바뀐 것이 없어 보인다.

만약 오늘날의 독자들이 문간에 도착한 종이로서만

• 같은 책, 273쪽.

신문을 읽는 것이 아니라 DB 검색 등을 통해 읽을거리에 편리하게 접근할 수 있고, 의미 있는 글이나 책이 시기를 불문하고 다시 읽혀도 좋다고 한다면 신문이 글의 참신성이나 깊이, 재미 등을 파고들어도 나쁘지 않지 않을까? 모든 기사가 그럴 수는 없겠으나, 적어도 일부 지면은 지나간 책에 대해 이야기를 해도 좋을 것이다. 그 책이 지금도 여전히 유효한 질문을 담고 있다면 말이다.

오늘날 수많은 기사가 (구석의 SNS에서 기인한 것마저) 거의 실시간으로 신속하게 작성되어 올라온다. 하지만 과연 최신 소식을 더 많이 안다고 해서 해당 사안을 더 깊이 이해할 수 있는가?

대부분의 사건들은 존재하는 문제에 따른 결과일 뿐이다. 그 문제의 본질로 파고들기 위해서는 좀 더 깊은, 다른 차원의 접근이 필요하다.

더 깊은 분석과 통찰을 위해서 '도구'로서 책이 필요하다면, 서평란의 울타리를 넘어 책을 적극적으로 오늘날의 문제를 진단하고 해결하는 수단으로 쓸 필요도, 쓸 수도 있다. 아니, 실은 책의 올바른 사용법이란 그쪽이 맞을지도 모른다.

이 밖에도 다양한 고민들이 인스피아를 만드는 과정의 바탕이 되었다.

핵심은 어떤 현상을 볼 때, 접할 때 내게 조금이라도 의아한 점, 불편하거나 부족함을 느끼는 점이 있다면 그것은 창조나 변혁을 위한 충분히 의미가 있는 '신호'일 수 있다는 점이다. 위에 말한 여러 항목 가운데 대부분은 당시로서는 단지 '애매한 불편함' '어리둥절한 화남' 정도로만 존재했던 것이지만 인스피아를 쓰면서 내 안에서 점차 명확한 언어로서 다가온 것들이다.

하고 싶어서, 하기 싫어서

"회사에서도 뉴스레터를 추진해보려고 해."

나는 말을 듣자마자 거의 반사적으로 답했다.

"선배, 혹시 저도 해봐도 될까요?"

처음 뉴스레터를 시작하게 된 것은 정말 뜻밖의 계기로부터 찾아왔다.

2021년 초 당시 나는 신년기획팀에 몇 개월쯤 파견을 나갔다가 원래 부서인 모바일팀(내근을 하며 모바일 기사를 기획하고 작성하는 업무)으로 돌아온 차였다. 모바일팀은 곧 소멸을 앞두고 있던 부서로, 내부 구성원들은 어느 정도 책임감에 침몰하는 배를 끝까지 조종하는 노동자처럼 루틴하게 노를 저어가고 있었다. 나는 파견을 나갔던 탓에 모바일팀에 직접 속해 있던 시기는 그렇게 길지 않았지만, 복

귀하자 곧 침울함과 무기력함이 감도는 분위기 속에서 째깍째깍 출퇴근을 하며 별로 재미도 없고 그렇기 때문에 (혹은 여타 복합적인 이유로) 읽히지 않을 글들을 직장인다운 성실함으로 썼다.

당시 모바일팀에 우울한 분위기가 감돌았던 것은 꼭 그 팀이 사라질 예정이기 때문만은 아니었다. 꽤 오래전부터 편집국 내엔 모바일팀 및 뉴콘텐츠 관련 부서를 '유배지'라든지 '의무 복무'라고 여기는 분위기가 팽배했다. 왜냐면 당시 모바일팀의 일은 대체로 '불쉿 잡'이었기 때문이다.

하지만 나는 모바일팀 및 뉴콘텐츠 관련 업무를 진행하는 동안, 어떤 일을 결정적으로 불쉿 잡으로 만드는 것은 결정적으로 윗선의 태도라고 생각해왔다. 사실 오늘날 인구의 대부분이 스마트폰, 인터넷으로 기사를 보는 시대에 모바일 관련 특화 기사를 생산하고 유통하는 업무가 중요하지 않을 리가 없다. 팀의 일이 불쉿 잡이 된 것은 모바일팀의 일이 중요하지 않아서라기보다는, 전통적인 레거시 조직이 기본적으로 종이신문을 만드는 것을 가장 중요한 목표로 삼았기 때문에 구성원 사이에서 해당 일이 별로 중요하지 않게 여겨졌으며, 이에 필자들의 사기를 북돋는 방식으로 조직이 돌아가지 않았기 때문에 관련 일은 항상 불쉿 잡의 영역에 머무를 수밖에 없었다. 애초에 기존의 비효율적인 방식으로 돌아가도 별문제가 없는 조직은 굳이 효율화를 추진하거나 혹은 아예 방향을 바꿀 이유가 없다.

하지만 중요한 것은, 이를 오직 '무지하고 고루한 회사'의 탓으로만 돌린다면 아무런 변화도 도모할 수 없다는 사실이다. 금을 그어놓은 것은 회사 쪽이긴 하지만, 어느 정도 본인의 책임도 있다. 이는 누구를 콕 짚어 비판하려는 의도라기보다는 나 역시 마찬가지였기 때문에 하는 말이다. 가만히 있으면서 누군가를 욕하는 것은 가장 쉬우면서도 에너지가 소모되는, 무익한 일이다.

모바일팀은 일반적인 기자들처럼 직접 출입처를 배정받아 취재를 하지 않고, 대체로 타사나 자사 기사의 종합, 우라까이(복사·붙여넣기)를 하며 기사 노출의 '사각지대'를 없애고 결과적으로 조회수PV에 기여하는 것이 가장 큰 목표인 팀이었다. 회사가 다른 언론사에 비해 PV를 그렇게까지 강조하는 분위기는 아니긴 했지만, 모바일팀의 경우는 애초에 설립 목적 자체가 그러하여 확실히 일반 부서들에 비해 PV의 압박을 받는 것은 사실이었고, 어떤 주제나 사태에 대해 본격적인 궁금증/취재 욕구가 생기더라도 그것은 일차적으로 '해당 나와바리(영역) 기자'의 몫이었기 때문에 금을 침범해서는 안 됐다. 그러다 보니 설령 자체적으로 취재를 나가고 싶다면 나와바리를 침범하지 않을 만한 조심스럽고 '사소한' 기사를 쓰거나(담당 기자가 너무 사소해서 버린 찌꺼기 가운데), 아예 기성 언론이 다루지 않을 만한 주제를 파고드는 방법밖에는 없었다. 물론 이런 일조차도 회사에서 그다지 권장하는 바는 아니기 때문에—시간 대비 가장 효율성이 나오는 방법은, 직접 취재를 가기보다는 의자에 앉아 그때그때 '실시간 검색어' '핫한 키워드'를 재빨리 가공해 기사를 쓰는 것이었다—단지 시간을 채우고 돈을 받는 목적이라면 굳이 사서 귀찮은 일을 만들지 않아도 됐다. 당연하게도 이런 일들이란 사실상 오늘날 AI가 가장 잘할 만한 일이며, 이런 일을 하는 것은 당연하게도 사기가 떨어지고 자존심도 상하며 보람도 없고 주눅 들게 되는 일이다. 이 때문에 모바일팀이 사라진다고 했을 때 팀에 감돌던 우울함에는 내심 후련함도 반 정도는 포함되어 있었을 것이다.

나는 몸담았던 팀이 사라지기 이전의 짧은 기간을 손을 놓은 채 보내고 싶지 않았다. 당시 관심이 생겼던 먹거리와 산업 관련 시리즈 인터뷰 기사를 쓰겠다고 손을 들었다. 루틴한 업무를 하는 한편, 틈틈이 먹거리 문화와 관련

된 인터뷰를 하고 다녔다. 그러면서 본격적으로 일주일에 두세 번씩 도서관에 가서 관련 서적을 찾아보기도 했다.

관심사가 먹거리이긴 했지만, 그 당시 나를 기쁘게 한 것은 엄밀히 말하면 먹거리에 대한 무언가를 취재한다는 사실보다는 내가 직접 공부를 하면서 나 스스로도 흥미롭다고 생각하는 기사를 비교적 자유롭게 쓸 수 있다는 즐거움이었다. 다만 단지 내가 쓰고 싶은 것을 쓰는 데서 그치는 게 아니라, 실제로 이 글들이 읽을 준비가 된 사람들에게 읽히고 그들에게 반응을 받아보고 싶다는 아쉬움은 있었다.

그러던 차에 옆 팀 선배로부터 요새 뉴스레터가 유행이라, 우리 회사에서도 1인 매체로 시도를 해보기로 했다며 일단 해당 팀의 두 기자가 각각 하나씩 뉴스레터를 론칭하기 위해 본격적으로 스터디와 기획 단계에 있다는 소식을 얼핏 전해 들었다. 내가 그 기회를 붙잡지 않을 이유가 없었다.

물론 변화는 혼자 만드는 것이 아니다. 회사마다, 업계에 따라서도 분위기가 다르고, 혹은 책임자가 어떤 태도를 가지고 있는지 등에서도 차이가 있기 때문에 조직 안에서 새로운 시도를 하기 위해 무엇을 어떻게 하면 좋다라는 말 자체는 의미가 없을 수 있다.

설령 내게 의지가 있었다고 할지라도, 그 순간 그 프로젝트가 중요하다는 것을 인지하고 기꺼이 등을 떠밀어주고 필요한 것들을 지원해주는 책임자가 없었다면 인스피아라는 새로운 시도가 가능했을까? 영 불가능하지는 않았을지라도, 실현 가능성에는 큰 차이가 있었을 것이다.

다만 내가 그때 그 순간에, 심지어 우리 부서의 프로젝트도 아닌데도 기꺼이 손을 들어 "뉴스레터를 혼자서 한번 기획하고 만들어보겠습니다"라고 굳게 외치지 않았다면 내가 무언가 새로운 일을 할 기회를 얻을 수 있었을까?

지금 와서 생각해보면, 어떤 결정적인 순간은 생각보다 자주 내게 당도한다. 내가 눈을 크게 뜨고 주변을 바라보고 사람들을 만나며 지내다 보면 말이다.

하지만 그 순간, 몇 년 뒤에 후회하지 않을 선택을 내리기 위해서는 평소 구체적인 계획까지는 아니더라도 적어도 **내가 어떤 것을 하고 싶고, 어떤 것은 도저히 하기 싫은지**에 대한 판단 정도는 있어야 하는 게 아닐까 생각한다. 물론 지금의 내가 현재의 모습에 100퍼센트 만족한다는 의미는 아니지만, 적어도 나는 그 순간 자진해서 언론사 '안에서' 뉴스레터를 만들어보겠다고 나선 선언 자체에는 전혀 후회가 없다. 그리고 이 선언을 하기 전까지도 많은 다른 갈림길이 있었지만, 나는 갈림길에서 어떤 길을 선택해야 하는 순간에 어영부영하다가 기회를 놓치기보다는 '어떤 것을 하지 않겠다'라는 판단으로 나머지 길을 선택해왔다. 그 이유는 내게 있어 항상 명쾌했다. 나는 '글을 쓰는 일에 매진하고 싶기 때문에' 어떤 길을 거부했고, '당장의 수익에 매달려야 하는 일보다는 사회의 일을 두루 살필 수 있는 일을 하고 싶기 때문에' '나의 모든 것을 쏟아부을 수 있고, 그로 인해 보람을 느끼는 일을 하고 싶기 때문에' 어떤 선택을 해왔다. 그런 선택이 보편적으로 올바르다거나 추천할 만하다고 얘기하려는 것이 아니다. 적어도 그때의 나는 그런 취향을 강력하게 가지고 있는 사람이기 때문에 그렇게 선택했다.

그렇게 회사 내에서 새로운 프로젝트를 내 선에서 시작할 수 있게 되자, 내가 가장 좋아하는 방식으로 일을 꾸리고 그것을 실현까지 할 수 있는 기회를 얻게 되었다. 물론 그 과정에서 무조건 내가 좋은 대로만 했던 것은 아니었고 어느 정도는 회사 차원에서도 이득이 될 만한 지점을 계속 제시하고 설득하는 과정 또한 거쳤다. 1인 매체이긴 하지만, 이 부분 역시 팀원과 주변 선배들의 지지와 도움이 아니었다면 나 혼자서는 하기 힘들었을 것이다.

 어찌됐든 중요한 것은, 내가 원하는(비교적 참을 만한) '자리'를 차지하기 위해서는 어느 정도 본인의 주장 역시 필요하다는 것이다. 돌이켜 생각해보면, 아마도 내가 원체 호불호가 강하고 싫어하는 것은 한사코 싫어해야만 하는 성격이었기 때문에 비교적 좋은 것이 앞에 나왔을 때 그 기회를 절실하게 당장 붙잡고 싶어 했던 것은 아니었나 싶기도 하다.

3부

어리둥절함과 멈칫거림을 살피는 일

클리셰, 혹은 스타일

뉴스레터를, 그것도 매번 나름의 성찰적인 메시지를 담는다는 유형의 뉴스레터를 150회가 넘게 쓰다 보면 어느 정도는 경향이라든지 습관('쪼')이 생기기도 했을 것이다.

전개나 구성, 디자인, 형식이야 처음부터 한결같았기 때문에 논외로 치자면, 논리 전개 방식이나 주로 쓰는 표현 등에서 보이는 습관이다.

여기서 '논리 전개 방식이나 쓰는 표현'이라고 두 항목을 들었지만 실은 이 두 가지가 그렇게까지 동떨어져 있다고 생각하지는 않는다. 왜냐면 어떤 표현을 '자주 쓴다'고 할 때 그것은 이미 어느 정도 논리 전개나 이야기의 전개 방식에 영향을 미치기 때문이다.(특히 결정적인 주장 근처에 붙은 부사나 접속사 등.)

직접 짧게 예시를 들어보자면, 글에서 '만약 ~라고 가정해보자'라든지 '예를 들어' 같은 표현이 많이 관찰된다면 그 글을 쓴 이는 글에서 다른 차원의 은유와 가정을 풍부하게 사용하는 방식으로 논지를 전개해나가는 사람일 것이다. 핵심적인 주장을 할 때 매번 상대방의 주장을 반박하는 방식으로 자신의 논거를 세우는 사람이라면, '반면'이나 '이와 달리'라는 표현을 많이 쓸 수 있다.

내 경우는, 스스로 의식하기에도 논지 전개와 관련해서 주요 지점에 '어쩌면'이라는 단어와 '하지만(그런데)' '새삼스럽게' 등의 표현을 많이 쓰는 편이다. 처음부터 의도하거나 의식하고 일부러 쓴 것은 아닌데, 어쩌다 보니 그렇게 되었다.

'하지만' '새삼스럽게'의 경우 주로 글의 도입부 혹은 일반적인 통념이나 책의 중심 내용에 대한 짧은 소개 후에 따라붙는데, 바로 뒤에는 통념을 깨는 사고의 도약대를 세우려고 노력한다. 예를 들어, 통상 오늘날 Z세대가 서로 마주치고 소통하는 것을 싫어하는 게 개인의 비사교성이나 스마트폰 등의 탓으로 여겨지곤 하는데, '**하지만** 과연 그것은 정말로 스마트폰 때문일까?' 하는 질문을 던진 뒤, '**새삼스럽게** 오늘날 도시에서 사람들 간의 가벼운 소통이 사라져버린 이유는 무엇일까?'라는 질문을 뒤이어 던지는 식이다. 그렇게 짧은 몇 문장만으로도, 뻔한 이야기를 금세 뺑뺑 치고 나가 진짜로 우리가 관심이 있는 이야기부터 시작할 수 있다.

특히 여기서 '새삼스럽게'라는 표현을 나는 아끼는 편인데, 우리가 오늘날 새삼스럽게 어떤 일을 그 근본부터 생각해볼 기회가 잘 없기 때문이다. 예를 들어, 점심을 먹고 커피를 마시면서 직장 동료와 갑자기 죽음에 대해 이야기를 하거나, 우리는 대체 무엇 때문에 사는가 같은 '무거운' 질문을 신문 지면에서 뜬금없이 하는 것도 어색한 일이다.

한강 작가는 인터뷰에서 자신이 소설을 쓰는 이유는 새삼스럽게 인간의 질문을 톺아보기 위해서라고 말하기도 했다.

> "우리는 일상 속에서 정말 깊은 진실을 보거나 보여주기 쉽지 않잖아요. 친구와 밥을 먹다가 '나는 요즘 산다는 게 뭔지 생각하고 있어'라고 고백하기는 어려운 것처럼… 꺼내기 쉽지 않지만 표면 아래에서 우리를 흔드는 중요한 감정들, 깊은 의문들, 감각들을 문학이 다루면, 그걸 읽

는 사람들은 문득 자신 안에 있던 그것들을 다시 발견하게 됩니다. 읽고 있는 소설 속 사람이 되어보며 자신으로부터 벗어났다가 다시 돌아오는 순간을 반복하면 자아에 틈이 벌어지면서 투명하게 자신을 직시하는 경험도 하게 되고요. 그렇게 소설은 여분의 것이 아니라고, 우리에게 필요한 것, 우리를 연결하는 실 같은 것이라고 생각합니다."•

많은 훌륭한 소설들은 이처럼 인간의 본연의 질문들을 맞닥뜨리게 해왔는데, 꼭 문학 독서뿐만 아니라 주체적인 사고를 통해서도 가능하다. 간단한 계기와 이야깃거리만 있다면 말이다.

'어쩌면'이라는 단어는 주로 글의 마지막 부분에서 쓰는 편인데, 어느 정도 차근차근 생각을 진전시켜가면서 텍스트를 통과하는 과정에서 마지막으로 어떤 단계의 사고 점프가 일어난다.

'어쩌면'은 무책임한 통찰의 단어다. 명확한 근거나

• 「매일경제」, 김유태 기자, "[한강 단독 인터뷰] '고단한 날, 한 문단이라도 읽고 잠들어야 마음이 편안해집니다'", 2024년 10월 11일.

수치를 담고 있는 것도 아니고, 현실적으로 내가 눈앞에 무언가를 가져다놓을 수 있는 것은 아니지만 '어쩌면'을 통해 텍스트를 통과하는 과정에서 어스름히 비쳐온다. **어쩌면**, 오늘날의 쇼핑은 즐거운 여가라기보다는 노동에 가까운 것이 아닐까? **어쩌면**, 스마트폰은 편리한 기계라기보다는 번거로운 진도구*에 가까운 것이 아닐까? **어쩌면**, 오늘날 사람들은 여전히 서로 직접 만나고 싶어 하는 것은 아닐까? …

여기서 '어쩌면' 뒤에 나오는 말은 주장이라든지 선언은 아니다. 단지 우리가 강력하게 믿어왔던 어떤 믿음의 벽에 작은 틈새를 내어보는 가정이다. 다소 무책임할 수는 있지만, 우리는 이렇게 우리가 처한 세계에 대해 다른 방식으로 상상해볼 수 있는 기회를 갖게 된다.

나의 뉴스레터는 시종일관 '해찰'이라는 콘셉트 아래 '무책임하게' 쓰이는 허름한 글이기 때문에 이처럼 무책임한 단어를 비교적 마음껏 쓸 수 있다. 그 밖에 '어리둥절해지다' '깜짝 놀라다' 같은 표현도 많이 쓰는데, 이런 단어는 논지 전개에 결정적인 역할을 하지는 않지만 어떠한 가치

• 珍道具. 일본에서 유래한 단어로, 발상 자체가 기발하고 재미있어 보이지만 쓸모없거나 과장된 발명품이나 도구를 뜻한다.

판단(착잡하다/참담하다/기쁘다/좋다…) 혹은 감정의 표출과 별개로 어떤 '사건'을 낯설게 바라보게 한다. 나는 이 사건, 풍경에 대해 좋다 혹은 나쁘다는 가치 평가를 하지 않는다. 단지 깜짝 놀라고 어리둥절해질 뿐이다. 대상과 나 사이에 거리를 두는 낯설게 하기(소격)의 효과다.

사람들은 통상 같은 표현이 반복되는 것을 부정적으로 바라보곤 한다. '클리셰'라는 말은 그 자체로 부정적인 뉘앙스를 지닌다. 하지만 실은 클리셰 자체가 나쁜 게 아니다. 클리셰를 진부한 방식으로 쓰는 것이 문제인 것이다. 한 단어를 잘 활용할 수 있다면, 굳이 여러 연장을 화려하게 쓸 필요가 없다. 어떤 사람의 손에 붙은 단어는 잘 갈고 닦여진 연장 같은 것이라, 그것을 적재적소에 교묘하게 활용하지 못하는 것이 문제이지 단어 자체가 문제가 아니다. '새삼스럽게'라는 클리셰 뒤에 따르는 한 문장으로 이야기는 갑자기 앨리스의 토끼굴로 빠져들 수 있다. '어쩌면'이라는 단어 하나로 무책임한 방식으로 시공을 원활히 점프해 통찰을 넘나들 수 있다. '어리둥절'이라는 단어로 현실을 낯설게 볼 수 있다. 마치 모 티비 프로그램이 '그런데 말입니다'라는 문구로 다른 세계로 익숙하게 쑥 들어가듯 말이다.

책과는 달리 뉴스레터 등의 비교적 짧은 콘텐츠에서 어떤 풍부하고 유의미한 이야기를 실질적으로 이끌어내기 위해선 정형화된 스타일이 필요할 때도 있다고 생각한다.

단순히 어떤 단어들이 '반복'되기 때문에 지루하다고 느끼는가? 그렇지 않다. 누구도 트랙 위에 놓인 도약대가 천편일률적이라고 지적하지 않는다. 사고를 전환하기 위한 패턴은 장치이지 사고 자체의 패턴이 아니다.

최후의 보루, 일기

뉴스레터의 주제 선정이나 그와 관련해서 어떤 책을 읽을지 등은 매번 계획된 것이 없이 그때그때 상황에 따라 결정된다.

그러나 마감이 있는지라 어느 정도 글을 쓰는 루틴이 생겼다. 일단 다룰 책과 주제가 어렴풋이나마 정해지면 그때부터는 도서관의 서가와 과거 써둔 메모들을 뒤적이며 함께 다룰 책을 정하고 초고 아이디어를 러프하게 써가기 시작한다. 이 단계에서 나온 글은 어디까지나 '러프'이기 때문에 초고는 하나가 아니라 여러 버전이 존재하게 되는데(처음부터 초고가 단번에 하나의 '완성 후보' 버전으로 나오는 경우는 극히 드물다), 그중에 괜찮은 것이 나올 때까지 계속 초고를 쓴다.

하지만 도저히 어떻게 해도 이야기가 진전이 되지 않을 때, 펜이 막혀 더 이상 글을 쓸 수가 없을 때 나는 최후의 수단을 쓰곤 한다. 바로 일기장을 펴는 것이다. 그리고 일기장에 처음부터 글의 얼개를 써나가는 것이 아니라, 초고를 지금까지 네 편을 썼든 여덟 편을 썼든 바닥부터 설명을 해가기 시작한다. 내가 애초에 왜 이 문제에 관심을 갖게 되었는지, 처음 이 책을 읽었을 때 어떤 '기분'이 들었는지, 어떤 부분에 가장 새삼스럽게 꽂혔는지, 이 책을 읽고 왜 이 키워드가 떠올랐는지, 처음 이 문제에 관심이 있다고 막연하게나마 자각한 게 언제였는지, 만약 이 문제를 다룬다면 가장 궁금한 지점이 어느 지점인지 등의 질문들을 풀어간다. 물론 이런 질문을 던지는 과정은 그렇게까지 점잖지는 않고, 연상되는 여러 질문과 하소연이 섞여 들어가곤 한다. 예를 들면 이런 식이다.

일단은 탈진실을 주제로 글을 쓰려고 하는데, 아직 석연치 않은 부분이 있다. 과연 탈진실 문제는 '설득'과 '리터러시'의 문제인가? 첫째, 설득과 관련해서는 탈진실에 빠진 이들은 애초에 이성적으로 그것을 믿기로 선택한 것이 아니기 때문에 논리적으로는 설득이 불가능할뿐더러, 우리가 그들을 왜 '설득'해야 하는지(단순히 사실이 사실이기 때문이 아니라)? 그리고 만약 설득이 답이 아니라면 어떤 접근이 가능한지? 그리고 과연 나는 탈진실이라는 문제로부터 완벽하게 자유로울 수 있는지? 둘째, 탈진실이 리터러시(부족)의 문제라고 할 때 소위 말하는 식자층, 엘리트들마저도 그 세계에 빠져드는 이유는?

질문을 떠올리고 거기에 성실하게 답하는 과정은 내가 처음 이 문제에 관심을 갖게 된 계기를 되돌아보게 함으로써, 어떤 메시지에 집중해 글을 써나가야 할지 감지할 수 있게 해준다. 또한 이처럼 스스로에게 세밀하게 질문을 던지는 과정에서 내가 미처 보지 못하고 있었던 치명적인 '잃어버린 고리'를 발견하게 될 수도 있다.

글은 머리와 가슴과 배를 각각 조립해서 합체시킬 수 있는 일도 아니고, 블록으로 성을 쌓듯 차례로 차근차근 쌓아갈 수 있는 것도 아니다. 가장 중요한 한 끗을 붙잡기 위해서라면 얼기설기 쌓아놓은 초고를 언제든 완전히 부수고 다른 방향으로 접근하는 것이 필요하다. 글이 미궁에 빠진 듯한 상황에서 이처럼 내가 처음 이 주제에 관심을 갖게 된 '욕망/호기심' 같은 원천을 살펴보는 것은 글에서 집중해야 할 지점을 깨닫는 데 도움을 준다. 그리고 이런 과정을 면밀하게 거친다면, 이 내용이 당연히 전부 다 레터에 포함되지는 않지만 그만큼 논지 전개에서 엉뚱한 부분을 빼먹거나 기만적으로 서술할 가능성이 약간 줄어들 수 있다. 이 단계에서 일단 한 번쯤 고려한 부분들이기 때문이다.

혹자는 질문할 수 있다. 어차피 연습장에 초고를 쓴다면, 이런 질문을 연습장에 그대로 적어도 괜찮은 게 아닌가 하고 말이다.

나도 그렇게 생각하고 실제로 연습장에 이런 내용을 적을 때도 가끔 있다. 하지만 '일기장'을 펼쳐 드는 순간, 그 안에 무엇이든, 아무렇게나, 중언부언 펼쳐놓아도 된다는 안도감이 생기면서 훨씬 더 자유롭게 생각들을 늘어놓아 볼 수 있게 된다. 그리고 만약 이런 질문에 답하는 과정에서 얼추 새로운 아이디어가 떠오른다면, 앞에 있는 사람에게 하나하나 설명해주듯이 꼭꼭 씹어 전개 과정을 일기장에 한번 펼쳐본다. '이건 이러니까 이런 거야… 즉, 이 문제는 이런 식으로도 생각해볼 수 있다는 거고. 예를 들어…' 이렇게 말이다.

그렇게 하다 보면 어느새 처음에 끄적였던 프랑켄슈타인 같은 초고 조각들과는 뭔가 좀 다른, 생명력을 가진 길쭉한 장어 같은 것이 천천히 헤엄을 치며 꼬리를 움직이기 시작한다. 그러면 이때 그것을 붙잡아 수조에 넣고 그 모습을 바라보면 된다.

저널리스트 존 맥피는 한 에세이에서 글이 안 써진다는 사람들에게 이렇게 조언한다.

> 한 마디도 떠오르지 않는다. 벽에 부딪혔다. (…) 그럴 땐 '사랑하는 엄마에게(Dear. Mom)'라고 써라. 엄마한테 글을 쓰다가 막혔다고, 막막하다고, (…) 징징거려라. 훌쩍여라. 이런 식으로 지금 처한 문제를 늘어놓다가 그건 그렇고 그 곰이 허리둘레 55인치에 목둘레는 30인치가 넘지만 세크러테어리엇과도 정면 대결할 수 있을 만큼 빠르다고 써라. (…) 쓸 수 있는 데까지 써라. 되돌아와서 '사랑하는 엄마에게'를 지우고, 훌쩍이고 징징대는 부분을 전부 지우고 곰만 남겨놓아라.•

편지와 일기의 공통점이라고 한다면, 우리가 어떤 멋진 배경지식이나 그럴듯한 도입부, 단지 몸을 부풀리려는 미사여구 등을 다 빼놓고 가장 소탈하게 글을 대하는 장場

• 존 맥피, 유나영 옮김, 『네 번째 원고』, 글항아리, 2020, 257쪽.

이라는 점이 아닐까 싶다. 누군가에게 편지를 쓰면서, 그리고 일기를 적으면서 기승전결을 생각하거나 나를 숨기고 그럴듯해 보이는 지루한 표현을 채워 넣으려고 하지는 않는다.

글은 생명체다. 아무리 얼기설기 초고를 세워놓는다고 하더라도 그 순간 곧장 그 이상한 생명체는 움직이기 시작하고, 그러다 보면 그것이 마음에 들지 않더라도 자꾸 그 초기의 이상한 생물체에 다른 것들을 덕지덕지 더 붙이는 방식으로 글을 완성하려는 충동에 휩싸이게 된다.

하지만 글을 단지 '완성하는' 것이 목표가 아니라, 글을 써서 상대방의 마음을 '움직이는' 것이 목표라면 이런 방식으로는 곤란하다. 때로 300매 글로 설득이 안 된 사람이 세 줄의 글로는 설득이 되는데, 이는 독자의 성미가 급하다거나 글이 길어서가 아니라 **300매짜리 글 안에 세 줄의 글이 없었기 때문**이다.

그렇기 때문에 생성형 AI의 시대에도 나는 여전히 머리를 쥐어뜯으며 일기장을 펼치고 있다.

질문으로부터 비롯되는 글쓰기
: 벼랑에서 시작되는 글쓰기

몇 년 전 헬스 트레이너 선생님이 한 말이 기억에 남는다.

그날도 여느 때처럼 바벨 스쿼트 20회를 하던 중이었다. 항상 16~17회 정도 하면 거짓말처럼 근육이 비명을 지르기 시작한다. 무릎이 후들거리고 코어 자세가 슬 풀어지려고 할 때, 선생님이 다급하고 단호하게 소리쳤다.

"지금까지는 다 가짜고, 여기부터가 진짜예요! 이제부터 세 개가 진짜라고요! 집에 기어가도 되니까 지금은 일단 근육을 다 태워 없애버린다는 생각으로 **쥐어짜요!**"

이 말이 오래 기억에 남은 이유는, 글을 쓰면서 운동뿐 아니라 글에도 정확히 해당되는 이야기라는 생각이 들었기 때문이다.

그간 이런저런 글을 써오면서, 간혹 나도 모르게 안전지대 안에서 글을 '예쁘게' 마무리하려는 충동을 느끼곤 했다. 이런 충동은 내가 별로 관심이나 흥미를 느끼지 못하는 주제의, 떠맡은 글일수록 더 심해졌는데, 과도한 고집이나 욕망 없이, 헤맴 없이 한글 창에 원고지 매수 계산기를 켜두고 적당히 '면을 채우는' 방식의 글쓰다.

이런 글쓰기는 서두에서는 서두에서 할 법한 적당히 눈길을 끄는 말을 하고, 본론에서는 예시가 들어갈 법한 곳에 예시를 넣고, 흐름에 적당히 악센트를 주기 위해 인용을 넣고, 전문가 코멘트가 들어갈 법한 자리엔 전문가 코멘트를 넣고, 결론부에는 적당히 결론스러운 여운이 남는 표현을 넣는 것이다. 만약 기획기사 중 일부라면, 마지막에는 대담스러운 대담(혹은 예산이 좀 있을 경우엔 결말스러운 결말을 얻을 만한 출장을 해서)으로 적당히 마무리를 한다. 이 모든 일을 '스럽게' '우아하게' 빠르게 해내는 것이 글로 밥 벌어 먹고사는 사람의 성실성 내지는 기대되는 능력이라고도 볼 수 있겠다. 대부분의 글쓰기 책이 이런 글쓰기 스킬을 가르치지만, 실은 진짜 글쓴이 자신을 깨우고 흥미를 느끼게 하는 글쓰기란 이런 것들이 통용되지 않는 벼랑에서부터 시작된다고 생각한다.

그간 여러 경로를 통해 '책'과 '글'에 대한 이야기를 해왔지만, 나를 가장 흔들어놓았던 책들의 공통점이 있다면 그 책 속 글에는 뻔한 이야기가 없고, 에너지를 못 이긴 도약과 비약이 난무했다는 것이었다.

그런 글들은 굳이 '스러운' 말로 단정하고 안전하게 내용을 이어가지 않았다. 쓰는 사람 자신의 질문으로부터 시작했고, '이런 이야기는 하지 않아도 다 알지? 그러면 곧장 파고들어 간다' 하며 수많은 책이 한 권 분량으로 뻔하게 지루하게 하는 말들을 서문에서 한마디로 간단히 불태워버린 채 그 너머로 곧장 뛰어들었다.

그런 책을 읽을 때면 나는 가슴이 뛰었고, 뭔가 잘 알지 못하면서도 문틈 너머를 엿보고 싶다는 마음이 강해졌다. 없던 곳에 길을 내는 이야기는 그렇게 시작할 수밖에 없었고, 그런 이야기는 혼란스럽고 때론 쓰는 자신도 잘 알지 못하지만 내게는 내뻗는 한 걸음 한 걸음에서 에너지와 고뇌가 느껴졌다. 하지만 그런 책들이 항상 비장한 것만은 아니었다. 그 한 걸음 한 걸음에서 새로운 것을 맞닥뜨린 자의 열락이 **느껴졌다**. 설령 그 책이 죽음과 절망, 혹은 먼지 쌓인 고문헌에 관한 것이라고 할지라도 말이다. 나는 그

'무언가 알 수 없는 힘'에 이끌려 입을 벌린 채 그냥 글자들을 읽게 된다.

    만약 집 현관을 나서 모험을 하려는 사람이 있다면, 준비운동이 끝나고 친숙한 거리가 끝나는 지점에서 비로소 모험이 시작된다고 할 수 있을 것이다. 챙겨 온 지도가 더 이상 알려주지 않는 지점, 계획을 세우지 못한 지점, 내가 미처 생각해보지 못했던 풍경부터 모험은 시작된다. 하지만 만약 현관부터 내게 친숙한 이정표까지만 매번 걷고 돌아오는 사람이라면 그 사람은 분주하게 다리를 움직이긴 했지만 과연 모험을 했다고 볼 수 있을까?

    글을 쓸 때도 실은, 내가 가장 편하게 쓸 수 있는 생각이 끝나는 지점에서 시작하는 게 좋다고 생각한다. 그것은 어쩌면 '질문'이 추동하는 글쓰기의 힘이다. 모르는 지점부터 시작하기 때문에 아는 것에 대해 느긋하게 쓸 여유가 없다. 예를 들어 '뉴스를 왜 봐야 할까?' 같은 질문. 이런 질문의 경우에도 반사적으로 튀어나오는 답변들은 있는 대로 다 하수구로 흘려보낸 뒤부터 시작해야 한다. '뉴스를 보면 리터러시가 올라가니까…' '시민이라면 정보를 많이 알아야 하니까…'. 그렇다면 거기서도 또 수많은 질문이 파생된다.

'시민'이란 무엇인가? 리터러시는 사람이 살아갈 때 어떤 도움을 주는가? 오히려 억압의 기제가 될 수도 있지 않은가? 뉴스 역시 관심경제의 한 상품으로서, '계속되는 현재'가 있다는 환상을 심어주는 분주한 기계에 불과한 것이 아닐까? 신문을 보고 살지 않던 시절에도 사람들은 잘 살지 않았나? 만약 하루에 수십 쪽이나 되는 신문을 처음부터 끝까지 읽어야지만 무슨 일이 돌아가는 줄 알 수 있는 사회라면, 집단 자체가 작아지는 편이 좋지 않을까? 과연 뉴스란 무엇인가? 과거 이렇게 많은 대중이 뉴스를 소비한 시기가 있었을까? 그런 사회는 어떤 장점과 단점을 만들어냈는가? 뉴스가 주는 연결감이란 허상에 불과한 것이 아닐까? 뉴스가 공동체의 기반이 될 수 있을까? '뉴스를 왜 봐야 할까?'라는 질문을 틀어서 '본다'는 것이 무엇인가에 집중해보면 어떤가? 보는 글과 듣는 글은 다른데, 뉴스를 본다는 기존의 인식에는 편집에 대한 감각(자의적 혹은 타의에 의한)이 포함되어 있었다. 하지만 '듣기'는 편집에 대한 감각이 사라진 구술적 텍스트에 가깝다. 그리고 전통적으로 '듣기'는 반드시 대상과의 친밀감이 큰 영향을 미쳤다. 과거 TV나 라디오 진행자처럼 말이다. 그런데 과연 AI가 들려주는 뉴스에서 사람들은 친밀감을 느낄 수 있을까? 그렇지 않다면 뉴스가 AI의 영역이 될 것이라는 건 가능성이 높지 않은 예측이 아닐까?…

어떤 영역에서든 이런 질문은 끝도 없이 쏟아져 나올 수 있는데, 사회적으로 합의된 것, 정상이라고 여겨지는 고루한 전망에 대해 지루하게 말하는 것보다 차라리 대책 없이 뛰어드는 질문 쪽이 흥미롭지 않은가? 상세한 질문은 하나의 가설을 세우는 일과 다르지 않다. 실제로 질문만으로 글 한 편을 다 채울 수도 있다. 이런 질문 중 하나를 붙잡아 안전한 생각의 울타리 바깥으로 튀어나갈 수 있도록 조금이라도 더 쥐어짜보는 것, 편안하게 오갈 수 있는 집 앞 현관부터 아는 동네를 넘어서 낯선 지대를 단 한 걸음이라도 내디뎌보는 것, 근육이 떨어져나갈 것 같은 17회 이후의 운동…. 그 '쥐어짬'이 없이 대충 분주하기만 한 글이란 아무리 많이 생산된다 할지라도 결국 쓰는 사람 자신도 지루하고 읽는 사람도 지루하게 만들 수밖에 없지 않을까? 내가 글을 쓰면서 지금까지 비교적 쉽고 평이한 표현을 고집해온 이유는, 실은 상대(독자)를 위한 것이라기보다는 스스로를 속이지 않고 오직 쥐어짤 순간에 제대로 쥐어짜고 싶기 때문일 뿐이었다.

대부분의 경우, 사람들이 글을 읽지 않는다면 그냥

그 글에 모험이 없고 재미가 없는 것이다. 극소수의 예외를 제외하면 그렇다. 리터러시 같은 이야기까지 갈 것도 없다. 재미없는 글들을 재밌게 읽을 수 있는 건 골판지를 맛있게 먹을 수 있는 것과 같은 기묘한 능력인데, 그런 능력은 없는 편이 낫다.

그리고 '같은 질문'이라고 할지라도 쓰는 사람 각자의 개성과 발길질에 따라, 그것으로 어떤 궤적을 그리느냐에 따라 다른 글을 만들어낸다. 나는 그런 불안한 에너지를 지닌 글을 읽고, 쓰고 싶다고 생각해왔다. 이는 글이든 음악이든 미술이든 무엇이든 마찬가지다.

내가 주제마다 다른 방식으로 보는 굉장한 능력이 있을 리는 없다. 다만 책을 '지팡이' 삼음으로써 나는 상대적으로 그 너머를 바라보는 기회를 가질 수 있었고 그 순간에 한 번이라도 더 쥐어짜보기 위해 매번 노력했을 뿐이었다. 다음 회차엔 무엇을 쓸지 같은 것을 생각할 여유도 없었다. 그러다 보니 계획을 하지 않은 회차를 많이 쓰게 되었고, 그런 회차들이 돌이켜봤을 때 가장 재미가 있는 글이었다. 향후 내가 어떤 글을 써갈지는 모르겠지만, 이처럼 **한 번 더 쥐어짜는 방식의 글, 나 자신에게도 낯선 글, 우연한 세계로부터 자신을 열어두는 글**을 쓴다는 원칙만큼은 반드시 지켜가고 싶다고 생각하고 있다.

마지막으로, 이는 아주 딴 얘기는 아닌데 생성형 AI가 쓴 글을 내가 대체로 의미 없다고 생각하는 주된 이유가 바로 이 '맥락'이기도 하다. 운동에 대한 앞선 비유를 조금 더 이어가보자.

첫째, 원래 스쿼트는 1회에서 17회까지는 그럭저럭 할 만하고 그 다음의 3회가 죽을 만큼 힘들다. 여기서 1회에서 17회를 누군가가 대신 해준다는 게 무슨 의미가 있는가?

둘째, 그렇다고 해서 1회에서 17회를 하는 게 의미가 없다는 것이 아니다. 왜냐면 1회에서 17회까지를 해야 힘이 쭉 빠지고 그 다음부터 근육이 찢어지는 경험을 하고 거기서 그 너머를 바라보게 되기 때문이다. 다르게 말하자면, 1회부터 17회를 통해 자신에게서 질문과 한계를 끌어내보지 않은 사람이라면 18회 이후'만' 할 수는 없다.

셋째, 마지막으로 이 모든 건 생산성의 문제가 아니라 주체의 집념과 이동/성장의 문제라는 것이다.

내 생각이 틀렸을 수도 있겠지만, 나는 대체로 이런 생각을 가지고 지금껏 글을 써왔으며 다른 어떤 것을 하든 나의 집념과 성장을 기계에 맡기고 싶은 생각이 없다. 쓰기는 괴로움인 한편, 내게 있어서 무엇과도 바꾸고 싶지 않은 기쁨이기도 하기 때문이다.

개인과 시스템

"여기가 로도스다. 여기서 뛰어라!"

○ 에라스뮈스

오늘날까지도 지속되는 강한 환상이 있다. 완벽한 '시스템'이라는 것이 존재해서 이를 기계처럼 설치해두기만 하면, 각 요소요소에 어떤 사람이 배치되든 일이 자동으로 알아서 잘 돌아갈 것이라는 테일러리즘적 환상이다.

과연 결정적으로 그 안에 '사람'이 없다면 어떤 시스템이든 제대로 돌아갈 수 있을까? 이는 지나치게 시스템과 직위/위계에 의존하는 어떤 분야에든 공통적으로 적용할 만한 질문이지만, 저널리즘 등 레거시 미디어들이 하나의 '시스템'이 되어버리고 만 오늘날 특히 진지하게 생각해볼 만한 질문이기도 하다.

오늘날 우리는 어떤 사회적 문제나 분야의 문제를 '구조/시스템의 문제'로 진단하는 것에 익숙하다. 예를 들면 노조의 문제, 학계의 문제, 종교의 문제, 도시 디자인의 문제, 케이팝 업계의 문제, 의료 업계의 문제, 지방 소멸의 문제, 정치의 문제, 언론의 문제 등이다.

이는 우리가 더 거시적인 해결을 바라보기 위한 유용한 틀이기도 하지만, 이런 시각은 정작 시스템을 움직이는 '개인'의 영향을 지나치게 축소하는 감이 없잖다.

나는 옛날부터 어떤 책에서건 '터무니없는 개인'의 모습을 찾아내는 것을 즐기곤 했다. 여기서 말하는 터무니없는 개인은 꼭 '위인'이라고 할 만한 인물은 아닌 경우도 있었는데, 이들의 공통점이라면 대체로 자신이 마주한 거대한 문제, 혼자서는 해결하기 어려워 보이는 문제에 맞서 '시스템'을 바꾸기보다는 일단 몸을 던져 어떻게든 자신의 욕망과 마음의 소리가 이끄는 대로 행동해봤다는 것이다. 그것은 때론 얼렁뚱땅이기도 했지만, 실질적인 방법으로 세상에 크고 작은 파문을 일으켰다. 그들의 모습은 종종 마치 바람에 날아가버린 지붕 대신 본인이 직접 위로 기어 올라가 하늘을 막는 것처럼 보이기도 했지만 말이다.

예를 들어 1970년대의 전설적인 베스트셀러 『어느 돌멩이의 외침』(금서 조치가 내려져 서적 유통이 불가능해지자, 독자들은 심지어 해적판을 수백 부씩 찍어내 돌려 본 뒤 부수에 따라 계산한 인세를 들고 직접 작가를 찾아가기도 했다고 한다)을 쓴 유동우는 몹시 가난한 집안에서 태어나 중학교만 졸업한 뒤 상경해 스웨터공장에 '요꼬(편직)' 일을 하는 직원으로 취직하게 된다. 하지만 요꼬들은 최악의 환경에서, 상황이 더 나아지리라는 기대 없이 저임금으로 착취당하는 이들이었다. 이에 그는 요꼬 일을 그만두고 세공 일을 배워 잠시 금은방에서 일하지만, 밥 굶는 가난한 사람들이 이렇게 많은 세상에서 소수 부자의 사치를 위한 일을 하고 싶지 않다는 이유로 다시 섬유공장으로 향한다. 그리고 그곳에서 공장 최초로 노조를 만든다. 그 과정이 책의 큰 흐름이다.

1970년대의 열악한 노동 환경과 그의 삶의 궤적을 바라보는 것은 그 자체로도 흥미롭지만 이 책을 읽는 내내 가장 신경이 쓰였던 부분은 '일개 개인'이 할 수 있는 일이란 의외로 얼마나 크고 결정적인가! 하는 지점이었다.

저자는 섬유공장에서 동료들을 하나하나 설득해 노조를 만들고 직접 지부장 역할을 맡는다. 그는 단지 노조를 만드는 데만 만족하지 않았다. 매일같이 작업장을 돌아다니면서 노동자들에게 일일이 말을 걸고 관심을 보였고, '공부를 하고 싶다'는 여공들의 말에 자신도 중졸이면서도 직접 교재를 마련해 야학을 만들어 함께 글자를 배운다. 어느 날 공장에서 한 남성 노동자가 여성 노동자를 폭행한 사건이 벌어지자, 쉬쉬하려는 다른 노조 구성원과는 달리 직접 가해자에게 가서 사과를 요구하고, 그가 화를 내자 한 시간을 넘게 설득을 하기도 한다.

공장에서는 사측 직원 등을 동원하거나 수당을 깎는 식으로 갖은 방해 공작을 진행했다. 하지만 회사가 이간질을 벌이고 루머를 퍼뜨리더라도, 저자가 진심으로 동료들을 위한다는 것을 알았던 노동자들은 쉽게 흔들리지 않았고, 결국 그가 억울한 누명을 뒤집어쓰고 해고를 당하고 체포당했을 때도 노동자들은 울면서 그의 집에 모여 그를 기다렸다.

그는 항상 '노조'라는 것이 당연하게 주어져 존재하는 것도, 그저 놓아두면 당연하게 작동하는 것도 아니라는 것을 강조했다.

단돈 10원이라도 더 받을 수 있는 곳으로 옮기고 싶어 하는 절박한 생활의 요구에 직면해 있는 노동자들에겐 자기들 나름대로 민감한 자기 보호의 감정이 앞설 수밖에 없다. 따라서 그것을 무작정 탓할 수는 없으며 또한 조합을 중심으로 단결하자고 마냥 외친다고 해서 조합 의식이 저절로 생겨나는 것도 아니다. (…)

　　이와 같이 노동조합이란 만들어놓기만 하면 되는 고정체가 아니라 항상 살아서 움직이는 운동체(활동체)이어야 한다. 무작정 조합을 지지해달라가 아니라 조합이란 우리가 지켜야 할 바로 우리들 자신의 것이라는 사실을 조합원들이 참으로 느끼게 하는 계기가 부단히 주어지도록 해야 하는 것이다.•

여기서 중요한 것은 유동우라는 **한 터무니없는 '개인'이 그 시공간에 존재했기 때문에** 비로소 벌어진 일들이다. 그는 자신의 자리에서 자신이 옳다고 생각한 일을 '그냥' 우직하게 밀고 나갔을 뿐인데, 한 사람의 우직한 선발先發이 존재하면 그 주변에는 이를 보고 영향을 받는 사람들이 생기고 또 이를 도우려는 사람들이 모여들게 된다. 이렇게 '그냥' 행동하는 사람들은 세상을 바꾸는 하나의 씨앗이 될 수 있다. 만약 역사의 퍼즐에 유동우라는 인물이 존재하지 않았다면, 과연 역사는 어떻게 바뀌었을까? 동시대에,

---

• 　유동우, 『어느 돌멩이의 외침』, 철수와영희, 2020, 214~215쪽.

그의 주변에 살았던 한 사람 한 사람의 삶은, 그리고 멀리서 그 영향을 받았던 사람들의 삶은 어떻게 바뀌었을까?

무엇보다도, 과연 노조란 어쩌고저쩌고라며 이야기하는 것이 과연 유동우 같은 '인물'들을 빼놓고 가능한 말일까? 이 책에는 실제로 허울만 노조고 사측에 서서 훼방을 놓는 인물도 다수 등장한다.

1994년 설립 이래 근 30년간 '무노조 신화'를 이어가던 미국 아마존에서 최초의 노조가 만들어진 것도 한 평범한 남성의 소박한 도전이 씨앗이 되었다. 아마존 노조의 리더인 크리스천 스몰스와 데릭 파머는 2020년 코로나19 방역 대책을 요구하면서 파업을 벌였다는 이유로 해고되었던 30대 청년들이다. 특히 사측이 노동운동의 '얼굴'로 주목한 크리스 스몰스는 한때 래퍼로 활동했다가 가족을 부양하기 위해 아마존에 취업한 지극히 평범한 시민이었다.●

이들은 '그냥' 일터인 창고 앞에 천막을 세우고 값싼 이케아 플라스틱 의자를 두고 사람들과 직접 이야기를 나

● 「주간경향」 1473호, "아마존의 '1호' 노조는 어떻게 만들어졌나", 2022년 4월 18일. https://weekly.khan.co.kr/khnm.html?mode=view&artid=202204081454021&code=117

누고 버스정류장에서도 대화를 나누었다. 그러자 과연 노조가 성공할 수 있을까? 하며 반신반의하던 사람들이 점차 이들의 말에 귀를 기울였고, 함께하기로 결정했다. 이런 한 명, 여러 명이 만들어내는 파문은 생각보다 엄청나게 큰 나비효과를 만들어낼 수 있다.

이처럼 '시스템'이나 '조직'보다도 '한 명의 개인'이 중요하다는 원칙은 꼭 노조만의 문제는 아니다. 일단 어떤 분야에서든 책상에 앉아 집필에 몰두한 '개인'이 존재하지 않았더라면 오늘날 우리가 누리고 있는 이 방대한 저술들은 존재할 수 없었을 것이다. 이런 작업은 본질적인 차원에서는 고독한 개인의 일이었다.

심지어 한 도서관 아르바이트생이 세계적인 영향력을 미치는 색인 시스템을 만들어내기도 했다. 데니스 덩컨은 『인덱스』에서 대학 도서관의 보조 사서 아르바이트생이었던 풀을 소개한다. 그는 학생들에게 새로운 에세이 주제가 발표될 때마다 학술지에 실린 책, 논문이 포함된 리스트, 참고문헌을 작성했는데, 그 과정에서 그는 생각보다 수많은 유용한 서지들이 단지 눈에 띄지 않는 곳에 있어 발견되지 못했다는 이유만으로 사용되지 못하고 있다는 '문제'를 발견한다. 그리고 그가 직접 '그냥' 만든 서지는 그 학교의 학생들뿐 아니라 대서양 너머에서까지 주목을 받게 되고, 정기적인 '색인'이 출간되는 결정적인 계기가 된다.

가난한 보조 사서가 아니라면 누가, 혹시라도 뭔가 쓸모 있는 것이 있을까 싶어 정간물 수백 권을 훑어볼 엄두를 내겠는가? (…) 일 년 동안 그는 브러더스 동아리 소장 자료 중에서 560권에 달하는 가장 중요한 저널들을 훑었다. (…) 모든 논문과 잡지를 탐색하면서 주제를 기록하고 다시 그것을 하나의 목록으로 통일해서 '압둘카디르의 회고록'으로부터 '츠빙글리, 스위스의 종교개혁가'에 이르는 154쪽에 달하는 알파벳순 주제색인을 작성했다.

자신이 정한 추천 도서로 만든 풀의 색인집은 말할 것도 없이 동료 학생들에게 대인기를 끌었다. 너무나 인기가 있어서 얼마 지나지 않아 색인 용지가 너덜너덜해질 정도였다. 그래서 자료를 정식 출판하기로 했다. 『알파벳순 색인』이 브러더스 인 유니티가 소장한 상대적으로 제한된 컬렉션에 있는 저널만을 포함했음에도 불구하고 그것은 예일 대학교를 넘어서 대서양 너머까지도 주목을 끌었다. (…) 학생 신문의 사서가 학문 공동체 전체가 요구

하는 자료를 제공하게 된 것이다.•

　이런 사례들의 공통점이라고 한다면, 어떤 어려움이 있든지 간에 그것을 '거대한 구조'의 탓으로 돌리는 대신 자신이 직접 나서서 당장 빠져들어, 그 모든 '그럼에도 불구하고'를 무시한 채 '그냥' 무엇이든 해보려고 했다는 것이다. 이런 무모함은 그들의 솔직한 문제의식과 어우러져, 아무도 해결하려 하지 않았던 어떤 문제를 실질적으로 해결하고 세상에 새로운 바람을 불어넣었다.

　개인은 사회를 구성하는 아주 작은 원자이기도 하지만, 동시에 그 한 사람이 자신이 마음만 먹는다면 터무니없는 엄청난 일을 벌일 수 있다는 것도 사실이다. 나는 18~19세기의 기자들이 수많은 필명을 쓰고 정체성을 갈아 끼워가며 4면짜리 기사를 거의 혼자서 쓰기도 하고(말 그대로 '도배'), 20세기 초까지만 해도 원고료를 아끼면서도 지면을 채우기 위해 연재소설을 적극 활용했다는 이야기를 좋아한다. 이지 스톤이 20년간 주간으로 발행해온 「I. F 스톤스 위클리」는 1인 매체였다. 발자크의 그 터무니없고

•　데니스 덩컨, 배동근 옮김, 『인덱스』, 아르테, 2023, 339~340쪽.

막대한 창조자로서의 역량 역시 결국은 개인의 독특한 욕망과 터무니없는 환상, 그것을 포기하는 대신 어떻게든 계속 품고 가려 했던 그의 무리함에서 나온 것이다. 오늘날 만약 어떤 분야에서도 엉뚱하고 새로운 일이 일어나지 않는 것처럼 보인다면, 그것은 우리 시대가 지나치게 시스템에 얽매여 엉뚱한 짓을 하지 않는 개인들로 구성되어 있기 때문일지도 모른다. 각 시대는 각 시대의 발명과 각 시대의 (거의 멍청이처럼 보일 정도로) 터무니없는 일을 벌이는 사람들을 필요로 한다.

마지막으로, 내가 이처럼 길게 '개인과 시스템'에 관해 이야기를 늘어놓은 것은 결국 나 역시 조촐하나마 그런 일을 해보고 싶었기 때문이기도 하다. 구조나 시스템의 탓을 하기보다는, '**그냥**' 일단 내가 읽기에 재밌는 글을 만들어보는 일 말이다.

에필로그

가지 않기로 결정한,
결정할 길들

무언가를 하기로 하는 데에도, 무언가를 하지 않기로 하는 데에도 결심이 필요하다. 그리고 결심들이 모여 불가역적인 과거를 만든다.

하지만 지금까지 살아오면서 느낀 것은, 오늘날 무언가를 '제대로' 하지 않기로 결심하는 데에는 어쩌면 좀 더 큰 결단과 임기응변이 필요할 수도 있다는 것이다.

―――

인스피아는 무언가를 하고 싶은 마음과 무언가를 하고 싶지 않은 마음의 어지러운 틈새에서 생겨난 시도였는데, 그중에서도 '행동'을 만들어낸 결정적인 계기에 있어서는, 무언가를 하고 싶지 않은 마음이 더 컸다고 생각한다.

나는 뻔한 이야기를 쓰고 싶지 않았고, 내가 즐겁지 않은 글을 읽고 쓰고 싶지 않았고, 의미없는 소통에 노력을 쓰고 싶지 않았고, 스스로 설득되지 않는 글을 단지 체면이나 의무감에서 쓰고 싶지 않았다.

무언가를 하고 싶은 마음보다도 무언가를 하고 싶지 않은 마음이 행동의 더 큰 동력이 되었던 이유는, 인스피아를 둘러싼 사소한 그 무엇조차도 예비된 명확한 계획에 따른 것이 아니었기 때문이다. 나는 기존에 있던 것들 가운데선 따라야 할('~처럼') 롤모델을 찾을 수 없었다. 무언가를 하고 싶은 것은 하고 싶지 않은 것을 피해 간 '결과'일 뿐, 누구도 새로운 길을 걸어가는 데 예비된 명확한 목표를 둘 수는 없다. 내가 무언가를 하고 싶었다는 것을, 내가 만든 것이 무엇인지를 막연하게나마 알아차리게 되는 순간은 이미 손에 무언가가 쥐어진 채 겨우 뒤를 돌아본 순간이었다.

그래도 만약 내가 선 자리에서 "하지 않는 편을 택하겠습니다 I would prefer not to"●만을 외쳤다면, 무언가를 만들어내지는 못했을 것이라고 생각한다. 물론 굳이 '무언가'를 만들어내지 않았더라도 상관없었겠지만, 그렇게 말하기엔 뉴스레터를 쓰는 경험은 그간 내게 너무나도 많은 것을 주었다.

 공교롭게도 이 책의 원고를 마무리하는 2025년 7월, 나는 회사로부터 갑작스러운 뉴스레터의 종료 및 인사이동 소식을 들었다. 그렇게 만으로 4년, 인스피아의 시도는 막을 내리게 되었다.

 결핍, 투덜거림, 불안… 그것들을 앞으로도 부디 잃지 않기를.
 그렇게 또 느긋하게 투덜거리며 어느 새로운 곳으로 향해 가기를.
 그곳에서도 많이 불안해하고, 또 많이 웃을 수 있게 되기를.

- 허먼 멜빌의 소설 『필경사 바틀비』 속 주인공 바틀비가 상사의 업무 지시에 답한 말.

그리고 마지막으로, 나의 이 좌충우돌 분투기가 당신이 어디서든 새롭고 엉뚱한 일을 수상한 방식으로 시도해보는 데에 조금이라도 보탬이 될 수 있다면 기쁘겠다.

Resist.

THRONES DEMAND REPUBLIC

Revolutionary Flag on Royal Palace.—Crown Prince's Palace Also Seized.

GENERAL STRIKE IS BEGUN

Burgomaster and Police Submit.—War Office Now Under Socialist Control.

LONDON, Nov. 10.—The greater part of Berlin is in control of revolutionists, the information received via Holland, and Friedrich Ebert, the new Socialist Chancellor, has taken command of the situation. The trouble is spreading throughout Germany with great rapidity.

Dispatches received in London today announce these startling developments. The Workmen's and Soldiers' Council is now administering the municipal government of the German capital.

The War Ministry has submitted, and its acts are valid only when countersigned by a Socialist representative. The official Wolff telegraphic agency has been taken over by the Reds.

The red flag has been hoisted over the royal palace and the Brandenburg Gate. The former Crown Prince's palace is also in possession of the revolutionists.

There was heavy fighting in Berlin between 8 and 10 o'clock last night and a violent cannonade was heard from the heart of the city.

Burgomaster and Police Join.

A Copenhagen dispatch states that Dr. Liebknecht, it sounds Socialist, who spent many months in prison for agitating the German Imperial Government and who has recently escaped, has issued the following announcement in Berlin in behalf of the Workmen's and Soldiers' Council:

"The Presidency of the police as well as the Chief Command, is in our hands. Our comrades will be released."

A dispatch from Berne states that the Burgomaster of Berlin has placed himself and his staff at the disposal of the new Government.

Some German newspapers describe the movement as Bolshevism. The people are shouting "Long live the Re-

MAN DYNASTIES BEING WIPED OUT

Wuerttemberg Abdicates.—Sovereign of Saxony to Follow Suit.

KAISER MAY BE EXILED

Allies Demanding That Sovereign in the Exile Shall be Dethroned.

PARIS, Nov. 11.—A Havas from Basle states that King William II, the reigning monarch of Wurttemberg, abdicated on Friday.

The Havas dispatch also says that the King issued a proclamation saying his person would never hinder the determination of the people, leading to a report he is going to Berlin, the Germans are demanding that country be formally republicanized and all the Princes. It is reported that the King of Bavaria, and Saxony may abdicate soon.

MORE WARSHIPS JOIN THE REDS

Four Dreadnaughts in Kiel Harbor Espouse the Revolutionary Cause.

GUARDSHIPS ALSO GO OVER

Those Protecting Mines in the Great Belt and the Baltic Abandon Their Posts.

LONDON, Nov. 10.—The crews of the German Dreadnoughts Posen, Oldenburg, Nassau, and Ostfriesland, in Kiel harbor, have joined the revolutionists, say a Copenhagen dispatch. Marines on the battleships at Cuxhaven and fought after a great artillery contest which offered resistance.

According to the Danish consul service, three German destroyers have mounted sides of Stockholm and the guardships on the Baltic, it is said, have joined the revolutionary movement.

The three cruisers flying the red flag arrived at Hamburg last night, says a Wolff News Agency dispatch received in Copenhagen.

An Amsterdam dispatch states that the Berlin Vossiche Zeitung and Vorwarts confirm the fact that the suppression of the revolution at Kiel was instituted so far too late that a force had been ordered and that it was intended to give battle to the...

일에 마음 없는 일

초판 1쇄 인쇄 2025년 10월 16일
초판 1쇄 발행 2025년 11월 3일

지은이 김지원
펴낸이 유정연

이사 김귀분
책임편집 유리슬아
기획편집 신성식 조현주 황서연 정유진 **디자인** 안수진 기경란
마케팅 반지영 박중혁 하유정 **제작** 임정호 **경영지원** 박소영

펴낸곳 흐름출판(주) **출판등록** 제313-2003-199호(2003년 5월 28일)
주소 서울시 마포구 월드컵북로5길 48-9(서교동)
전화 (02)325-4944 **팩스** (02)325-4945 **이메일** book@hbooks.co.kr
홈페이지 http://www.hbooks.co.kr **블로그** blog.naver.com/nextwave7
출력·인쇄·제본 (주)삼광프린팅 **용지** 월드페이퍼(주)
후가공 (주)이지앤비(특허 제10-1081185호)

ISBN 978-89-6596-761-3 03810

- 이 책은 저작권법에 따라 보호를 받는 저작물이므로 무단 전재와 복제를 금지하며, 이 책 내용의 전부 또는 일부를 사용하려면 반드시 저작권자와 흐름출판의 서면 동의를 받아야 합니다.
- 흐름출판은 독자 여러분의 투고를 기다리고 있습니다. 원고가 있으신 분은 book@hbooks.co.kr로 간단한 개요와 취지, 연락처 등을 보내주세요.
- 파손된 책은 구입하신 서점에서 교환해 드리며 책값은 뒤표지에 있습니다.